物流从业人员职业能力等级认证培训系列教材

仓储与配送实务

（第 4 版）

蓝仁昌 编著

中国财富出版社

图书在版编目（CIP）数据

仓储与配送实务/ 蓝仁昌编著. —4 版. —北京：中国财富出版社，2019. 9
（物流从业人员职业能力等级认证培训系列教材）
ISBN 978 - 7 - 5047 - 6810 - 0

Ⅰ. ①仓… Ⅱ. ①蓝… Ⅲ. ①仓库管理—职业培训—教材②物流管理—物资配送—职业培训—教材 Ⅳ. ①F253②F252. 14

中国版本图书馆 CIP 数据核字（2019）第 200235 号

策划编辑	张　茜	**责任编辑**	邢有涛　郭小草		
责任印制	尚立业	**责任校对**	孙丽丽	**责任发行**	敬　东

出版发行	中国财富出版社		
社　　址	北京市丰台区南四环西路 188 号 5 区 20 楼	**邮政编码**	100070
电　　话	010 - 52227588 转 2098（发行部）		010 - 52227588 转 321（总编室）
	010 - 52227588 转 100（读者服务部）		010 - 52227588 转 305（质检部）
网　　址	http://www. cfpress. com. cn		
经　　销	新华书店		
印　　刷	北京京都六环印刷厂		
书　　号	ISBN 978 - 7 - 5047 - 6810 - 0/F · 3075		
开　　本	880mm×1230mm　1/16	**版　　次**	2019 年 10 月第 4 版
印　　张	12. 5	**印　　次**	2019 年 10 月第 1 次印刷
字　　数	282 千字	**定　　价**	49. 00 元

物流从业人员职业能力等级认证培训系列教材

编写委员会

主　任　任豪祥

副主任　郭肇明

主　编　史文月

编写说明

本书自第一版出版发行以来，受到了广大师生的好评，同时也收到了同行和老师们提出的宝贵意见。为了更好地服务于读者，使更多的人能够更轻松地掌握仓储与配送实务知识，编者对本书进行了修订。本书是在第一版的基础上修改的，依然保持了第一版的体系结构。本次修订对全书重新做了校订，充分吸收了读者反馈的意见，还尽力对书中的内容做了简明化和形象化处理。

本书对现代物流业的两种基本业态（仓储与配送）进行阐述。内容主要围绕商业物流中仓储与配送两个业态的基本职能展开，并以信息处理作为支撑。本书共有八个单元，分别是概述、仓储与配送组成要素、仓库布局及物流设施、仓储作业、配送作业、信息处理、物流安全管理、物流信息系统与智能化。

第一单元介绍了全书各单元的基本内容，以及仓储与配送的定义、重要性、发展过程、变革与发展趋势。第二单元以仓储与配送组成要素为核心，对两者的功能与类型、作业与管理进行介绍。第三单元结合案例重点介绍仓库动线和空间布局的类型及应用，以及常见的物流设施设备的功能及运用。

第四单元是全书的核心章节，从进货作业、入库作业、补货作业、拣货作业、复核作业、退货作业、盘点作业七大作业环节对仓储作业进行了详细介绍。其中每个作业环节分别介绍了作业流程与工作说明、作业管控点与异常处理原则、作业绩效考核指标及计算方法。同时结合实际作业操作加入了图例或案例描述，让内容更具实践性。

第五单元重点介绍了配送作业中三个重要作业环节，即装车作业环节、配送作业环节和收退作业环节。第六单元对订单信息的接收与处理进行重点介绍，这些作业皆是由仓储与配送作业信息流转所引发的，且涉及财务信息。第七单元分别从仓储安全、配送安全、信息安全、员工健康与安全四个方面阐述物流的安全管理。第八单元从物流作业信息化、自动化和智能化三个方面讲述仓储作业水平的先进性。

本书将“工作过程为导向”作为课程设计理念，并结合了职业院校的特点，突出体现

“以典型工作任务为核心，以业务流程为主线，围绕岗位职业能力构建课程体系”的课程开发思想。根据仓储与配送企业的岗位群所需的专业能力来设计组织实践教学，突出实践能力的培养，可为企业培养即聘即用的人才。

本书选择了多个与模块内容有很强关联性的真实的案例。同时书中图文并茂，每个单元都有丰富的文字描述，并适当以图片或视频辅助说明，以加深读者对教材的理解。

希望本书能有助于培养适应中国特色社会发展需要的、素质全面的现代物流人才。我也相信本书能实现这个目标，从形式到内容均为精品，为教师和学生及专业人士所喜爱。

感谢中国物流与采购联合会的大力支持，特别是中国物流与采购联合会教育培训部的领导和工作人员给予的全面支持和帮助。感谢何黎明会长、任豪祥副会长的关心支持，感谢主编史文月的悉心指导，感谢环众物流咨询公司物流咨询团队投入大量的时间和心力，感谢众多业内人士以及各位专家提出的宝贵建议。最后，在本书出版之际，我再次向帮助过我的各位人士和团体致以衷心的谢意！

仓储与配送是现代物流知识体系的重要组成部分，涵盖的内容丰富。由于编者水平有限，难免存在不足之处，恳请使用本书的各界人士不吝指正。

蓝仁昌

2019 年 3 月

目　录

单元1　概　述

单元2　仓储与配送组成要素

单元3　仓库布局及物流设施

单元4　仓储作业

单元5　配送作业

单元6　信息处理

单元 7 物流安全管理

单元 8 物流信息系统与智能化

单元1 概　述	单元2 仓储与配送组成要素	单元3 仓库布局及物流设施	单元4 仓储作业
单元5 配送作业	单元6 信息处理	单元7 物流安全管理	单元8 物流信息系统与智能化

单元1　概　述

学习目标

通过学习本单元，你应该能够：

1. 了解仓储的定义
2. 理解仓储在物流中的重要性
3. 了解配送的定义
4. 理解配送在物流中的重要性
5. 了解现代仓储与配送的发展变革
6. 了解现代仓储与配送的发展趋势

1.1　主要内容介绍

1.1.1　本书设计思路

1. 本书定位

本书将“工作过程为导向”作为课程设计理念，并结合职业院校与物流行业的特点，体现的特色如下。

（1）基于工作过程的课程开发导向。突出体现“以典型工作任务为核心，以业务流程为主线，围绕岗位职业能力构建课程体系”的课程开发思想。

（2）突出实践教学。根据仓储与配送企业的岗位群所需的专业能力来设计组织实践教学，突出实践能力的培养，可为企业培养即聘即用的人才。

（3）案例关联性强。本书中描述了多个真实案例，并与模块内容有很强的关联性。

（4）本书内容图文并茂。每个单元都有丰富文字描述，并适当以图片或视频辅助说明，加深对内容的理解。

本书可作为物流管理、运输管理、工商管理、市场营销、电子商务等专业相关课程的教材用书，同时还适用于物流企业从业人员的岗前培训。

2. 本书结构

物流发展至今，不同国家的学者有不同程度的研究和定义。我国《物流术语》（GB/T 18354—2006）对物流（logistics）定义为：物品从供应地向接收地的实体流动过程。根据实际需要，将运输、储存、装卸、搬运、包装、流通加工、配送、信息处理等基本功能实施有机结合。

从以上定义，可知物流业提供的服务，主要包含八项基本功能：运输、储存、装卸、搬运、包装、流通加工、配送、信息处理。其中运输，广义上还包含配送的功能，狭义上两者是有区别的。运输是指两个城市之间的长途运送，如公路运输、铁路运输、海运、空运等（详见《货物运输实务》一书）；配送指城市内的短途分送。

本书针对现代物流业的两种基本业态——仓储与配送，进行阐述。内容主要围绕商业物流中的仓储与配送两个业态的基本职能展开，并以信息处理为支撑。本书共有八个单元，分别是概述、仓储与配送组成要素、仓库布局及物流设施、仓储作业、配送作业、信息处理、物流安全管理、物流信息系统与智能化。本书整体结构如下图所示。

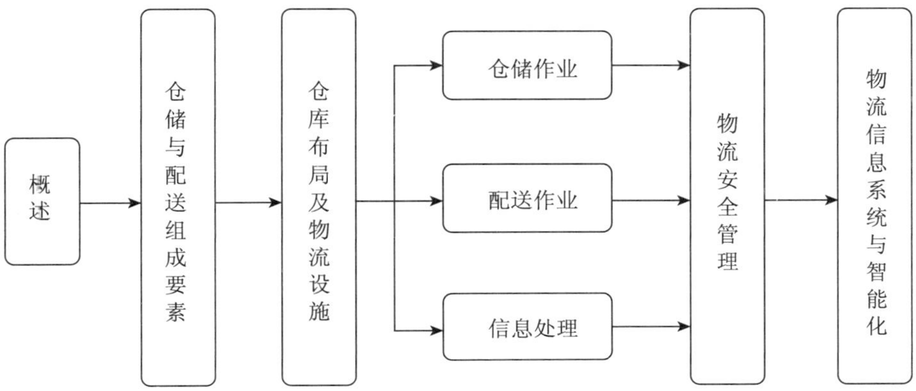

本书整体结构

1.1.2 各单元内容介绍

1. 概述

首先介绍全书各单元的基本内容，然后介绍仓储与配送的定义及其在物流系统中的重要性，最后介绍仓储与配送的发展过程，并阐述了国内仓储与配送的变革与发展趋势。

2. 仓储与配送组成要素

以仓储与配送组成要素为核心，从两者的功能与类型、作业与管理进行介绍。仓储方面，讲述了仓储的重要组成部分——仓库的功能与类型，以及仓储技术与管理；配送方面，讲述了配送的功能与类型、配送技术与管理等。

3. 仓库布局及物流设施

重点介绍了仓库动线和空间布局的类型及应用，并结合案例进行解说。物流设施是物流活动开展的关键场所，本书介绍了常见的港口、码头、货场、航空港、仓库、物流基地等物流设施以及各种设施的功用；本书也介绍了物流设备，常见的物流设备有搬运设备

（如叉车）、存储设备（如托盘）、配送设备等，用实例讲述设备的选用原则。

4. 仓储作业

通过进货作业、入库作业、补货作业、拣货作业、复核作业、退货作业、盘点作业七大作业环节对仓储作业进行了详细介绍，其中每个作业环节分别介绍了作业流程与工作说明、作业管控点与异常处理原则、作业绩效考核指标及计算方法。本单元是全书的核心章节，结合实际作业操作并加入了图例或案例描述，让内容更具实践性。

5. 配送作业

重点介绍配送作业中三个重要作业环节，即装车作业环节、配送作业环节和收退作业环节。针对每个作业环节的作业流程、工作说明、作业管控点、作业异常处理原则，以及作业绩效考核指标和计算方法等内容做了详细介绍，同时针对不同的作业环节配备示例或图表，让读者对配送作业更容易理解。

6. 信息处理

对订单信息的接收与处理进行重点介绍，这些作业皆是由仓储与配送作业信息流转所引发的，且涉及财务信息。本单元从接单作业、核单作业、批价作业、回单作业着手，介绍作业流程、工作说明、作业管控点、差异处理原则、绩效考核指标及计算方法等内容，且本单元与其他作业并列单独编写，更能反映仓储与配送作业中信息处理的重要性。

7. 物流安全管理

主要从四个方面阐述物流的安全管理，分别是仓储安全、配送安全、信息安全、员工健康与安全。内容包含风险的种类并给出相应的预防和解决方法，并且提供了安全管理办法范例，从而更好地对物流安全管理做出贡献。

8. 物流信息系统与智能化

从物流作业信息化、自动化和智能化三个方面讲述仓储作业水平的先进性。现代物流利用计算机系统控制，完成单元货物的存取；也有利用自动化存储设备和计算机管理系统的协作来实现高层立体仓库的作业，提高企业生产效益；还有利用物流数据与智能设备互联互通，实现物流作业智能化，提高互联网新时代的物流效率与效益。

1.2 仓储内涵

1.2.1 仓储及仓储业的概念

1. 仓储的定义

我国《物流术语》（GB/T 18354—2006）对仓储（Warehousing）的定义为：利用仓库及相关设施设备进行物品的入库、存贮、出库的活动。仓储是物流的两大基本活动之一。

“仓”也称为仓库（Warehouse），为存放、保管、储存货物的建筑物和场地的总称，具有存放和保护货物的功能；“储”也称为储存（Storing），表示将货物收存以备使用，有收存、保护、管理、贮藏的行为。仓储有静态和动态两种：当货物不能被及时消耗掉，需要专门场所存放时，就产生了静态的仓储；而将货物存入仓库并进行短暂保管、分拣、流通加工以及配送等作业活动时，就成了动态的仓储。

2. 仓储业的定义

仓储业是专为他人储藏、保管货物的商业营业活动，是现代化生产和国际、国内货物流转中一个不可或缺的环节。到目前为止，仓储业的主要作用是连接运输、保管、理货、配送等物流活动，发展的趋势是连接起销售。

仓储业是商业流通领域的重要支柱行业，它是流通产业得以运行的前提条件和资源基础。仓储业的加速发展将实现流通产业的加速发展。

1.2.2 仓储的作用

仓储的基本功能有货物的整合、分类、中转、包装、加工、堆放与保管等。以下将阐述仓储在现代物流中的正作用与反作用。

1. 仓储的正作用

1）仓储是现代物流不可缺少的重要环节

从供应链的角度看，物流过程由一系列的“供给”和“需求”组成，当供给和需求节奏不一致，不能够很好地衔接时，就会出现生产的货物不能及时消费掉，或者市场有需求却没有货物来满足，在这个时候，就需要储备产品，将不能及时消费的货物储存起来，以备满足后来的需求。

2）仓储能为货物进入下一个环节起到质量保证作用

在仓储环节可以对货物质量进行检验，防止伪劣品流入市场，既保护了消费者权益，又保护了生产厂家的信誉。通过仓储来保证产品质量主要有两个环节：一是在货物入库时进行质量检验，看货物是否符合仓储要求，严禁不合格货物混入仓库；二是在货物的储存期间内，要避免货物发生物理和化学变化，尽量减少库存损失。

3）仓储是保证生产过程顺利进行的必要条件

仓储环节可以确保生产中的原材料或零部件的质量，对生产过程起了质量保证的作用。

4）仓储是加快商品流通，节约流通费用的重要手段

虽然货物在仓库中进行储存时处于静止的状态，而且会带来时间成本和财务成本的增加，但如果设置合理，它不仅不会带来时间的损耗和财务成本的增加，相反，仓储能够有效降低生产与运输成本，从而带来总成本的降低。

5）仓储能够为货物进入市场做好准备

仓储能够在货物进入市场前完成整理、包装、质检、分拣等程序，这样就可以缩短后续环节的处理时间，加快货物的流通速度。

2. 仓储的反作用

仓储在现代物流中也具有双面性，不但发挥着正作用，同时也有反作用，库存的存在意味着资金的占用。

1）固定费用和可变费用的支出

仓库的设置意味着会有建设、管理、人员等方面的费用支出，从而增加物流成本，这样的物流成本支出很容易被忽视。固定费用包括建设成本、设备设施的折旧费和管理人员的薪资等；可变费用包括现场作业人员薪资、水电费、仓库租金等。

2）资金成本

储存的货物并非流动货物，所以涉及资金的占用。如果这些资金及利息被用于其他方面或许有更大的收益。

3）仓储作业费

仓储作业费包括进货、验货、保管、发货、搬运等物流活动的费用。

4）仓储与物流运输环节的矛盾

物流有两个效益背反原理：一是物流服务与物流成本成反比例关系，物流服务越好意味着物流成本越高；二是仓储成本与运输成本成反比例关系，仓储设置越多，仓储成本越高，但运输成本会越低。如何合理设置仓储数量属物流规划领域内容，本书不赘述。

由此可见，仓储在现代物流活动中既有积极的一面也有消极的一面。只有考虑其两面性，才利于物流活动高效的展开。

3. 比较传统仓储业与现代仓储业的差异

传统仓储业与现代仓储业的差异如下。

（1）功能比：传统的仓储作业功能比较单一，主要是根据货主的委托对货物进行保管。而现代的仓储作业已向上游供应商和下游采购方两头发展，具有核查验收、配货、贴标签、重新包装等诸多功能，更加人性化。

（2）服务比：传统仓储业的现代化、社会化、网点化、信息化的程度很低，而且大都区域化，各仓库互无往来。而现代物流的仓储业能面向全社会提供全方位的服务，诸如：①为客户选择和提供合理的仓储网点；②协助客户选定存货功能和存货策略；③为客户执行存货计划和控制库存；④协助客户制订配送计划；⑤为客户提供信息服务等。

（3）投入比：传统仓储业对仓库的要求也不高。而现代仓储业根据存储货物的种类不同而分设不同仓库。仓库货架的设置也更细化，如横梁式货架、驶入式货架、悬臂式货架、阁楼式货架、重力式货架、模具架、中型货架及轻型货架等。不仅使仓库的布局更加合理，充分利用了存储空间，提高了运作效率，而且更便于货物的存取和分拣。

因此，现代仓储业的发展路径如下。

①管理对象：由储存货物到赋能销售。

②管理手段：由表单作业到无纸化作业。

③管理方法：由粗放式管理到精细化管理。

④服务对象：由单一企业到供应链下的多企业。

⑤服务功能：由单一储存到多种增值服务。

⑥经营业态：由简单和雷同到多元和细分。

1.3 配送内涵

1.3.1 配送概念界定

1. 配送的定义

我国《物流术语》（GB/T 18354—2006）对配送（Distribution）的定义为：配送是在经济合理区域范围内，根据用户要求，对物品进行拣选、加工、包装、分割、组配等作业，并按时送达指定地点的物流活动。

1）配送与物流

流通业有四个机能，分别为商流、物流、信息流和资金流。配送是“配”和“送”的有机结合体，是物流的活动之一，是某一经济合理区域内的物流活动缩影。

2）配送与送货

配送与一般送货有重要的区别。配送是指要在配送中心有效地利用分拣、配货等理货工作，使出货量达到一定经济规模，取得较低的送货成本。同时，配送以客户为出发点，以“按客户订货的要求”为服务宗旨。所以，配送是一种特殊的送货，是高水平的送货。

2. 城市配送的定义

城市配送是指专属服务某一城区及其郊区的配送活动，在经济合理区域内，根据客户的要求对物品进行加工、包装、分割、组配等作业，并按时送达指定地点的物流活动。

城市配送以商品为主。在我国，城市配送从业者，包括企业自营配送车队、专业物流公司、短程货运公司和快递企业等。

在国家多次出台的物流业振兴规划中，城市配送都被提至优先重点发展的高度。规划细则中明确指出，要“鼓励企业应用现代物流管理技术，适应电子商务和连锁经营发展的需要，在大中城市发展面向流通企业和消费者的社会化共同配送，促进流通的现代化，扩大居民消费。加快建设城市物流配送项目，鼓励专业运输企业开展城市配送，提高城市配送的专业化水平，解决城市快递、配送车辆进城通行、停靠和装卸作业问题，完善城市物流配送网络”。

1.3.2 配送的作用

1. 配送的功用

完善的配送有利于物流系统的提升，有利于生产企业和流通企业的发展，有利于整个社会的生活福祉。

（1）降低物流成本。企业采用批量进货，集中发货，将多个小批量发货集中成为大批量发货，可有效节省运力，降低物流成本。

（2）提升生产效益。企业为保证生产持续进行，依靠库存向企业内部的各生产工序供应货物。如果社会供应系统既能承担生产企业的外部供应业务，又能承担生产企业内部的货物供应，那么企业的“零库存”就能实现。配送恰恰具有这种功能，由仓库进行集中库存，取代原来分散在各个企业的库存，这就是生产的最高境界。

（3）降低社会总库存水平。配送可降低整个社会货物的库存水平。发展配送，实施集中库存，可发挥规模经济的优势，降低库存成本。

2. 配送与运输的区别

配送与运输虽同属线路活动，但是两者也有区别。主要表现在以下几点。

1）活动范围与空间不同

运输的活动空间比较大，它可以在不同地区、不同城市甚至不同国家之间进行，既有短距离的运送，又有长距离的运送；而配送通常在同一地区或同一城市内进行，运送的距离比较短。

2）运送对象与功能不同

运输多为大批量、远距离的运送，并且途中兼有暂存的功能；而配送包括拣选、加工、包装、组配、运输等多个环节，通常是小批量、多种类的运送，通过配送满足不同客户的多种要求。

3）承载主体的责任与主动程度不同

运输仅按照客户的要求被动提供服务，只要把货物保质、保量、按时送到客户手中即可；配送要为客户提供定制化的服务，涉及集货、分拣、加工和配送等服务环节，是“配”与“送”的有机结合。

4）运输工具与运输方式不同

运输根据运送货物的形状、特点、到货时间、到货地点等不同要求，采用多种运输工具和不同的运送路线，既适合产品的特性，又能实现经济效益；相对而言，在运输工具和运输方式上配送则受到较多的限制，因为配送大多是多品种、小数量、多频率的运送，所以一般采用装载量较小的短途运输工具。

5）对信息技术要求不同

在配送过程中，客户对配送中心的作业技术和作业水平往往会提出更高的要求，要求配送中心利用信息技术、网络技术，通过网络的作用把分销、运输、仓储、包装、运送等环节紧密地连接在一起，从而将物流、资金流、信息流融为一体。而运输过程对信息技术要求相对较低。

6）管理重点不同

配送始终坚持服务优先，而运输则更注重效率，坚持效率优先。

1.4 仓储与配送的发展

1.4.1 仓储与配送发展变革

随着现代物流的逐渐形成，仓储与配送经历了三次历史变革。

1. 第一次变革：大批量标准化

仓储与配送的第一次变革是集装箱运输的普及，本书称之为大批量标准化变革。

20世纪70年代以来，集装箱运输在世界航运业中兴起并被广泛采用，是一场班轮运输的革命。许多国家和地区的300多个港口和成百上千个泊位已开展了集装箱运输，发达国家的海运基本上已实现了集装箱化，发展中国家的海运集装箱运输也有了很大的发展。

有关集装箱货物运输请参考《货物运输实务》一书，本书不赘述。

在该变革阶段，由于装卸、配送等的标准化，使仓储与配送环节在包装、装卸、理货、配送等方面的效率得到很大的提升，在成本上取得了有效控制。

2. 第二次变革：小批量配送化

第二次变革，是城市配送的大范围推广，本书称之为小批量配送化变革。

城市配送是物流链条中“最后一公里”的配送，在整个供应链环节内起着极为重要的作用，但是大部分城市对货车进城时间都有严格的限制。城市配送发展趋势非常强劲，国家在政策上也给予极大的关注和支持。

近年来，随着企业经营连锁化，城市配送取得质的飞跃，配送更加专业化、精细化，不仅满足了市场需求，也带动了配送企业的蓬勃发展和社会的进步。

3. 第三次变革：物流电商化

第三次变革，随着电子商务行业的兴起而产生，本书称之为物流电商化变革。

电子商务作为一种新的数字化商务方式，代表了现有贸易、消费和服务方式，打破了原有工业体系，建立了以商品代理和配送为主要特征的，物流、商流、信息流、资金流有机结合的社会化物流配送体系。电商物流是电子商务经济实现价值不可或缺的重要组成部分。

电商物流兴起使仓储与配送增加了信息化、自动化、网络化等特色，其中信息化是电子商务的必然结果，自动化、网络化则以信息化为基础，这些特色使仓储与配送拥有了自己的优势。

（1）仓库设施要求降低。传统的城市配送体系首先要拥有大面积的仓库；电子商务下的城市配送体系是将散置在各地的、可能分属不同所有者的仓库，通过网络系统连接起来，并进行统一管理和调配使用。

（2）配送效率大幅提高。在电子商务系统中，城市配送体系的信息化集成可以使虚拟企业将散置在各地分属不同所有者的仓库通过网络系统连接起来，使之成为“集成仓库”，在统一调配和协调管理之下，扩大了服务半径和货物集散空间，使货物配置的速度、规模和效率都大大提高。

（3）实现实时控制。借助于网络系统电商物流的配送模式可以实现配送过程的实时监控和实时决策，配送信息的处理、货物流转的状态、问题环节的查找、指令下达的速度等都是传统的配送无法比拟的，配送系统的自动化与程序化处理、配送过程的动态化控制、指令的瞬间到达都使配送的实时控制得以实现。

（4）简化配送环节。网络支持下的技术可以在网络环境中更加充分地被使用，配送周期会缩短，其组织方式也会发生变化；计算机系统管理可以使整个配送管理过程变得简单；网络上的营业推广使客户购物和交易过程变得更有效率、费用更低，提高了城市配送企业的竞争力。

（5）为供应链提供决策支持的能力提高。客户通过网络可以了解订单的处理情况，并可以随时提出建议和意见，且配送人员可以直接接触消费者，进行面对面的交流，能真实了解客户的感受和意见，为供应链各个环节的决策提供大量的支持信息。

1.4.2 仓储与配送发展新趋势

1. 供应链发展趋势

经过近十年的快速发展，我国营业性通用仓库面积已近10亿平方米，其中立体仓库接近30%。总体来看，仓库设施已基本满足物流需求，但在结构与地区分布上还存在一些供求矛盾。仓库供不应求与仓库供过于求同时存在，仓库高空置率与高租金同时存在，仓库快速建设与仓储效益下降、企业倒闭与转行同时存在。

面对上述仓储资源供求的结构性矛盾，仓储与配送也有供给侧改革的任务，今后将进入大调整、大整合、大重组的时期。

（1）面对经济结构调整与物流需求的变化，优化仓库供应、增加市场急需的仓库设施的措施，既包括围绕枢纽城市、节点城市完善全国性的仓储骨干网络，也包括围绕城市共同配送与电商物流完善城市仓储网络。

（2）针对现有仓储资源在结构与地区分布上的不均衡，如何整合、改造与利用，充分发挥其效益。具体措施既包括各类园区仓库之间的资源共享与业务合作，也包括保税仓库与非保税仓库之间的资源整合与业务衔接；既包括枢纽型仓库、节点型仓库与分拨型仓库之间的网络性整合，也包括供应链物流及合同式物流仓库与专线零担、快递、落地配等分拨仓库的仓间货位整合。

（3）面对分散的仓储资源与集约化的供应链物流之间的矛盾，应积极促进仓储企业之间以及仓储企业与运输、货代、零担、快递企业之间重组整合，既包括国有企业之间的重组，也包括国企与外企、民企的重组；既包括同业之间的兼并重组，也包括跨业态之间的企业重组。

2. 互联网与智能化发展趋势

仓储与配送的信息化是物流业转型升级的目标之一。近年来，我国物流业的信息化正在向深度（智能仓储）与广度（互联网平台）发展，电子商务特别是网络零售的发展，催生了海量单品、海量订单的专业性、网络化电商仓储的发展，出现了许多仓储互联网平台以及大宗物资线上交易与线下仓储的互动平台。但从整体看，我国信息化发展很不平衡，30%左右的仓储企业信息化水平仍然较低，许多仓储企业至今还没有运用仓储管理系统（WMS），一些基于互联网的仓储平台基本还处于探索阶段，没有成熟的商业模式，电商仓储的水平与规模远远不能适应网络零售快速发展的物流需求。

在国家“互联网+”发展战略的推动下，仓储与配送信息化有望在三个方面取得重大进展。

（1）以“中仓网”“城市共同配送互联互通平台”为主的行业综合平台将覆盖越来越多的节点城市的标准化仓库资源，形成网上订仓、网上支付及质量认证、风险保障的仓储互联网运营平台，以“担保存货管理公共信息平台”“中药材物流信息公共管理系统”为主的专业仓储平台，将吸引越来越多的专业监管企业使用统一的仓储管理系统，防范存货融资风险，保障物流信息的全程追溯。

（2）随着《电子商务物流服务规范》行业标准的实施，浙江省率先出台地方标准《电子商务仓储管理与服务规范》，在该省的示范带动下，电商仓储将取得新进展。电商平台以及实体零售企业与专业电商仓储企业，将围绕电商专用仓库建设、库内智能设备技术的应用、仓储管理与服务水平提升等方面，加大投资、整合资源、优化网络与流程，也会围绕跨境电商发展、海外仓的布局、保税仓的商业模式进行创新，这些都将是新的亮点。

（3）移动互联网、大数据与物联网等技术的应用，必将促进仓储与配送信息化和电商的融合发展，促进物流互联网平台与各类商品电子交易平台的对接、线下的仓储与配送服务和线上商品交易的融合，为实现智慧物流奠定基础。

除此之外，智能化的普及应用是物流自动化、信息化的一种高层次应用，物流作业过程中大量的运筹和决策，如库存水平的确定，运输（搬运）路线的选择，自动导引运输车的运行轨迹和作业控制，自动分拣机的运行，配送中心经营管理的决策支持等问题，都可以借助专家系统、人工智能和机器人等相关技术加以解决。

3. 绿色物流发展趋势

绿色物流（Environmental Logistics）是指在物流过程中抑制物流对环境造成危害的同时，实现对物流环境的净化，使物流资源得到最充分的利用。大力发展绿色物流是《物流业发展中长期规划（2014—2020年）》的重点内容。仓储与配送是现代物流业最核心的领域，在节能减排与绿色发展方面有巨大潜力。2015 年绿色仓储与配送工作已正式列入商务部流通发展司的工作计划。总体看，我国仓储配送与包装的绿色化发展才刚刚起步，市场上已投入使用的绿色物流相关设备有电动卡车、快递循环周转箱等。

1.5 小结

本单元主要介绍本书架构和内容，包含仓储与配送的定义，以及阐述他们在物流活动中的重要性；介绍了仓储与配送发展的三次变革：大批量标准化、小批量配送化、物流电商化；介绍了仓储与配送最新发展趋势：供应链发展趋势、互联网与智能化发展趋势、绿色物流发展趋势。

单元1 概　述	单元2 仓储与配送组成要素	单元3 仓库布局及物流设施	单元4 仓储作业
单元5 配送作业	单元6 信息处理	单元7 物流安全管理	单元8 物流信息系统与智能化

单元 2　仓储与配送组成要素

学习目标

通过学习本单元，你应该能够：

1. 了解仓储的特点、功能、种类和应用
2. 掌握仓储作业的技术
3. 理解仓储管理内容与指标
4. 了解配送的特点、功能、种类和应用
5. 掌握配送作业技术
6. 理解配送管理的内容及指标

2.1 仓储功能与类型

2.1.1 仓储的功能

仓库是储存保管货物的建筑物和场所的总称。仓库可以理解为用来存放货物，包括生产资料、工具或其他财产，以及对其数量和价值进行保管的建筑物和场所。从社会经济活动看，无论生产领域还是流通领域都离不开仓库。某公司仓库如图 2-1 所示。

图 2-1 某公司仓库

随着人们对仓库概念的深入理解，仓库也担负着货物处理、流通加工和信息服务等功能，其含义远远超出了单一的储存功能。

一般来讲，仓库具有以下功能。

1）储存和保管的功能

储存和保管是仓库最基本的传统功能。仓库具有一定的空间，用于储存货物，并根据货物的特性，仓库内还配有相应的设备，以保持储存货物的完好性。例如，储存精密仪器的仓库，需要防潮、防尘、恒温等，应设置空调等控制设备。在仓库作业时，为防止搬运和堆放时碰坏、压坏货物，要求搬运工具和操作方法不断改进和完善，使仓库真正起到储存和保管的作用。

2）配送和加工的功能

现代仓库的功能已由保管型向流通型转变，即仓库由原来的仓储、保管中心向流通、配送中心转变。仓库不仅有储存货物的设备，还增加了分装、配套、捆装、流通加工等设备。这样，既扩大了仓库的经营范围，提高了仓库的综合利用率，又方便销售，提高服务质量。

3）调节货物运输能力的功能

各种运输工具的运输能力差别较大，船舶的运输能力很大，海运船舶一般都在万吨以上；火车的运输能力较小，每节车厢能装载30~60吨，一列火车的运量多达几千吨；汽车的运输能力相对较小，一般都在10吨以下。它们之间运输能力的差异也是通过仓库调节和衔接的。

4）信息传递功能

信息传递功能总是伴随着以上三个功能而发生。在处理有关仓库事务时，需要实时且准确的仓库信息，如仓库利用水平、进出货频率、货物的储存位置、仓库的运输情况、顾客订单需求状况以及仓库人员的配置和出勤等，这对于仓库管理能否取得成功至关重要。

目前，在仓库的信息传递方面，越来越多地依赖计算机和互联网来提高货物信息传递速度，以便及时了解仓库的使用情况和货物的储存情况。

2.1.2 仓库的类型

仓库可根据不同的分类标准进行分类。

1）按用途分类

（1）自有仓库：指企业为保管自有货品（原料、半成品、成品）而自建的仓库。

（2）公共仓库：指面向社会提供货品储存服务并收取费用的仓库。

（3）保税仓库：指经海关批准设立的专门存放保税货品的仓库，如图2-2所示。

2）按建筑物构造分类

（1）平房仓库：指建筑物结构简单，有效高度一般为 5~6 米的单层仓库，如图2-3所示。该种仓库建筑费用便宜，应用广泛。

（2）多层仓库：指两层以上的建筑物，用钢筋混凝土建造的仓库。建造多层仓库可以扩大仓库实际使用面积，如图 2-4 所示。

（3）高层货架仓库：指利用高层托盘或货箱货架储存货物，利用自动存取设备或其他高层取货设备进行作业的仓库，如图 2-5 所示。

图 2-2　保税仓库

图 2-3　平房仓库

图 2-4　多层仓库

图 2-5　高层货架仓库

3）按仓库功能分类

（1）生产仓库：指为生产企业储存原材料、燃料及货品的仓库，可分为原料仓库和成品仓库。

（2）储备仓库：指专门长期存放各种国家储备物资，以保证完成特定储备任务的仓库。如战略物资储备、应急物资储备等。

（3）中转分货型仓库：指兼具中转和分货两种特性的仓库。

（4）加工型仓库：指以流通加工或组装为主要目的的仓库，将货品加工和储存两种功能结合。

4）按仓库选址分类

按仓库选址分类可以分为港口仓库、内陆仓库和枢纽站仓库等。

5）按储存温度分类

按储存温度分类可以分为普通仓库、恒温仓库、冷藏仓库、冷冻仓库等。其中冷藏仓库是用来储藏需要控温的货物，一般多是农副产品、鲜食等对于储存温度有要求的物品。

除以上分类方法外，还有许多其他特殊的仓库类型，如危险品仓库、散装仓库（见图2-6）、罐式仓库（见图2-7）等。其中，危险品仓库从字面上就可理解，用于储存危险品，由于危险品对人体以及环境存在安全隐患，因此其储存一般会有特定的要求，例如国务院2016年修订的《危险化学品安全管理条例》。

图2-6　散装仓库

图2-7　罐式仓库

2.1.3　仓储作业

1. 仓储作业的特点

仓储作业过程可归纳为采购作业、入库作业、订单处理作业、拣货作业、出库作业、盘点作业和配送作业七个环节。

1）采购作业

由于每家企业对于物流组织职能的设计不同，因此产生不同的岗位职责，采购作业一般属于采购部门的职责。但也有些企业将采购合同的执行划分给配送中心。配送中心必须根据采购合同，考虑库容、库存水平、产品周转率来拟订采购计划，并按采购计划向上游供货商下单。

2）入库作业

仓库发出采购订单后，仓管员即可根据采购单预定入库日期并进行作业安排，在商品入库当日，进行入库商品资料查核、商品检验。当质量或数量与订单不符时，应按进货规定进行处理并记录，及时向信息部门和采购部门反馈。检验合格的货品安排卸货、托盘码放和货品入库等。对于同一张订单分批次到货或不能同时到达的商品要反馈给信息部门和采购部门并做记录备查。

3）订单处理作业

仓库每天例行的运作始于接单作业，信息部门每天会接收到客户的出货通知，有书面形式，也有数据形式。信息人员必须按照客户的要求进行订单筛选、标注、导入、打印或备份等信息处理。处理完成再将数据移交给仓储部门或配送部门接续作业。

4）拣货作业

拣货作业是指根据客户订单上的品种及数量在仓库内进行商品的拣选，拣选方式有多种，如按订单别、产品别、路线别拣选。拣选工作包括补货作业、拣取作业、人员安排和工具选用等。

5）出库作业

出库作业是指完成商品拣选及流通加工作业之后，送货之前的准备工作。出库作业包括待出货产品的复核、准备送货文件、为客户打印出货单据、准备发票、制订出货调度计划、确定货品在车上的摆放方式、打印装车单等工作。

6）盘点作业

盘点作业是仓管员定期或不定期地对在库货品的实际数量与账面数量进行核查。通过盘点，掌握仓库真实的货品数量，为财务核算、存货控制提供依据。

7）配送作业

配送作业包括送货路线规划、车辆调度、点货上车、与客户及时联系、商品在途的信息跟踪、意外情况处理及配送单证处理等工作。

2. 仓储管理人员应具备职业素养

作为一名合格的仓储管理人员，对他的素质是有严格要求的。

1）为企业产生有利贡献

一名合格的仓储管理人员要知道自己的工作职责，知道向主管提供自身工作上的反馈，以便提高个人工作表现，也要知道在仓库工作时支持同事的重要性。因此，他也需要知道如何与同事或客户进行有效的沟通，并知道如何处理工作中遇到的困难。同时，也要能够遵守所有相关的法律、公司规章制度，符合安全和操作要求，能够根据企业的要求执行工作任务，确保个人形象、设备和工作区域的维护都符合企业的要求。

2）为客户提供有效服务

一名合格的仓管员要知道如何与客户维系关系，了解公司的企业形象，并充分了解货物需求对于客户的重要性。也需要知道该如何处理客户投诉，也要知道对业务和客户资料保密的重要性。同时，也要能够遵守相关的法律、公司规章、操作要求来维系客户关系。

3）在工作中注意健康与安全

一名合格的仓管员首先要了解与健康安全相关的法律和企业规章以及自己在健康与安全方面的责任。要了解在操作设备时，个人防护设备的正确使用方法，并且了解健康与安全问题的种类及逃生线路和集合的位置。另外，能够辨别不同的警铃声，能够积极采取行动，防止伤害、盗窃或损坏的发生，这些对仓管员来说都是很重要的素养。

2.2 仓储技术

2.2.1 仓储信息技术

1. 条码技术

条码技术是实现物流信息技术自动采集和输入的重要技术。它在配送中心的保管技术中占有重要地位，通过条码对货品从入库到出库的全程进行跟踪和管理，可实现仓库作业的无纸化、快捷化和准确化，提高客户满意度，增强企业竞争力。

条码由一组规则排列的条、空及其对应代码组成，是商品的全球唯一标识，如图 2-8 所示。条码在仓储作业中的主要应用如下。

图 2-8 条码（EAN-13）

1）商品入库管理

商品入库时分别读取商品上、托盘上和货位上的条码，一同存入数据库。通过条码传递信息，有效避免人工录入的失误，实现了数据的无损传递和快速录入，将商品的管理变得更简单。

2）商品出库管理

商品出库时，要扫描商品或物流箱上的条码，对出库商品的信息进行确认。

3）仓库内部管理

在库存管理中，一方面，通过移动终端扫描条码，收集盘点商品信息。然后将收集到的信息通过计算机集中处理，从而形成盘点报告。另一方面，通过移动终端扫描条码，可准确完成整仓、补货等库内作业。

4）货物配送

条码在配送管理中也具有重要的意义，配送前将配送商品资料和客户及其订单资料下载到移动终端中。送达配送客户后，打开移动终端，首先调出客户相应的订单，然后根据订单情况挑选货物并验证其条码标签。确认配送完一个客户的货物后，移动终端会自动校验配送情况，并做出相应的提示。

5）供应链管理

采用数据采集器即时扫描条码，记录产品在何时向谁采购、在何时卖给谁、完成哪一份订单或合同。根据这些基本信息，可以很方便地进行采购与物流活动的数据分析和统计。

2. 仓储软件

1）无线射频终端系统

无线射频终端系统（简称 RF 系统），是一种利用射频通信技术对采集到的数据进行无线传输的通信系统。RF 系统的硬件主要由无线数据采集器、无线网关（WireLess Access Point，AP）与服务器构成。RF 系统的无线数据采集器一般是指手持电脑和条码扫描器合二为一，既具有无线通信功能，又有数据采集功能。

通常在配送中心使用的 RF 系统中，信息核心是负责数据处理和存取的 WMS。WMS 通过网线和 AP 相连，AP 负责把数据信号无线发送给 RF 系统终端设备，并且接收 RF 系统终端设备反馈的数据信号，传回 WMS，RF 系统终端设备负责采集作业现场的数据，RF

系统架构如图 2-9 所示。

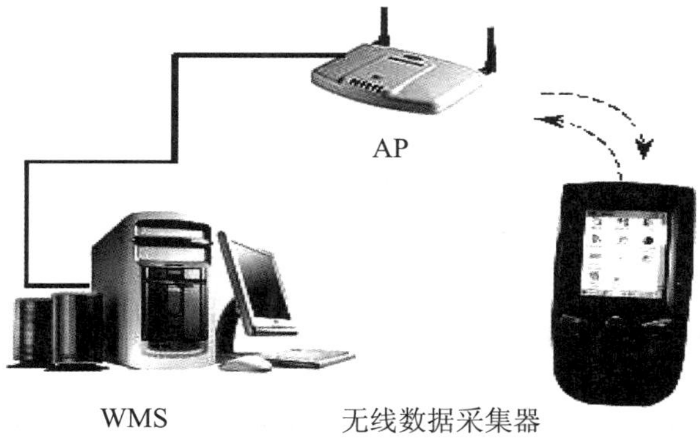

图 2-9　RF 系统架构

应用 RF 系统时首先要开发 RF 系统应用程序，将 RF 系统应用程序安装在 RF 系统服务器上，RF 系统终端设备会通过自带的程序（如 Uniterm）访问 RF 系统服务器，服务器调用 RF 系统应用程序，RF 系统应用程序访问 WMS 数据库并进行数据传输。RF 系统数据传输如图 2-10 所示。

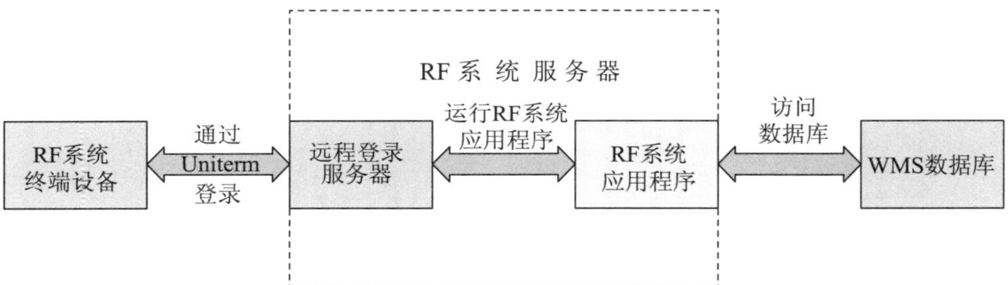

图 2-10　RF 系统数据传输

RF 系统与无线射频识别（Radio Frequency Identification，RFID）都应用无线射频技术，但前者是在数据传输过程中用到无线射频技术，采集数据时仍然用光学读码器来读取传统的条码，后者主要是在识别过程中应用无线射频技术，采集数据时通过 RFID 标签来读写上面的数据，这个过程可以是非接触的，只要在一定范围内就可以。RF 系统与 RFID 比较如表 2-1 所示。

表 2-1　　RF 系统与 RFID 比较

名称	主要运用的技术	应用环节	传输过程技术	标签
RF 系统	无线射频通信技术	传输过程	无线射频通信技术	一般条码 只能读
RFID	无线射频识别技术	识别过程	一般的传输技术	RFID 标签 可读可写

RF 系统的作用在于可以及时地传输作业信息，很好地解决了作业时间差带来的很多问题，较大程度上保证了储位库存的准确性。另外，库内操作人员可以直接通过 RF 系统进行储位操作，一方面可以节省人力，如取消储位信息录入人员等，另一方面可以减少储位信息传输环节过多带来的问题。例如，没有 RF 系统时，货物入储位时，要登记货物及其储位，人工登记书写时易出错，储位信息录入时易输错等。

RF 系统可以应用在配送中心的大部分作业模块中，包括验收、储位录入、返品入库、盘点、补货、整仓、复核、储位查询、货物查询，RF 系统的应用范围如图 2-11 所示。

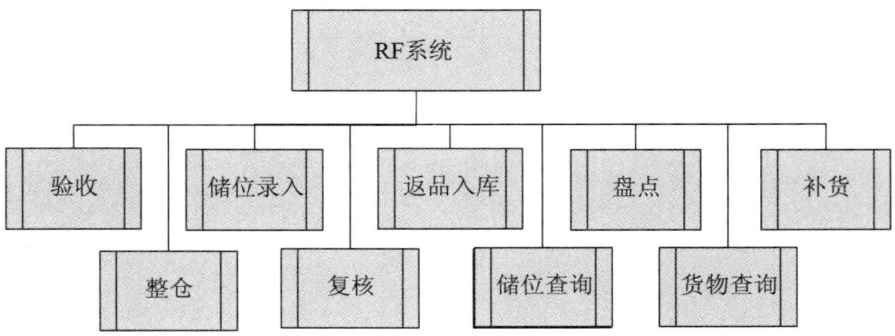

图 2-11　RF 系统的应用范围

2）电子标签辅助拣货系统

电子标签辅助拣货系统（CAPS）是一种电脑辅助的无纸化拣货系统，其原理是借助安装于货架上的每一个货位的发光二极管（LED）电子标签（俗称 LED 灯）取代拣货单，通过电脑的控制将订单信息传输到电子标签中，引导拣货人员正确、快速、轻松地完成拣货工作，拣货完成后按完成或确认键完成拣货工作。CAPS 实操示意如图 2-12 所示。计算机监控整个拣货过程，并自动完成账目处理。

图 2-12　CAPS 实操示意

CAPS 由流利式货架、电子标签、滚筒输送线、条码阅读器、信息管理与监控系统构成（见图 2-13）。

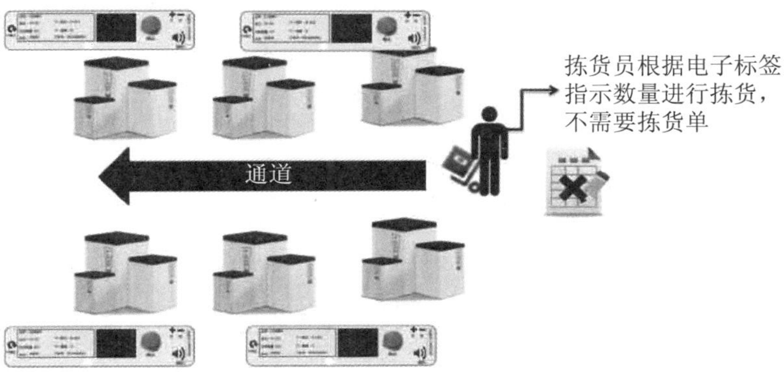

图 2-13　CAPS 示意

CAPS 的使用程序如下。

（1）由仓储管理系统（WMS）导入拣货数据到电子标签辅助拣货系统（CAPS）。

（2）相关人员扫描物流箱上条码，货位上 LED 灯会自动显示应拣取的单品数量。

（3）拣货员根据看—拣—按程序，拣取相应数量的货品，再按“完成键”灭灯。

（4）每位拣货员完成负责区段的拣货作业，要按区段“完成键”，系统才会自动输送下一订单的数据到 LED 灯上。拣货员就可接续下一订单的拣货作业。

2.2.2　货物堆码技术

货物堆码是一项技术性的工作，在堆码时应做到科学合理、稳固安全、简易方便和整齐美观。

1. 地面堆码技术

地面堆码是指在没有设置货架的情况下，在仓库内或户外的地面上进行货物堆码。其原则如下。

（1）面向通道进行保管，根据出库频率选定位置。为使货物出入库方便，容易在仓库内移动，货物堆码的基本原则就是将货物面向通道，出货和进货频率高的货物应放在靠近出入口、易于作业的地方；流动性差的货物放在距离出入口稍远的地方；季节性货物依其季节特性来选定存放位置。

（2）尽可能向高处码放，提高仓储效率。

（3）重下轻上原则。当货物重叠堆码时，应将重的货物放在下面，轻的货物放在上面。

（4）便于识别原则。将不同颜色、标记、分类、规格、样式的货物分别存放。

（5）便于点数原则。每垛货物按一定的数量存放，如按 5 的倍数存放，以便清点计数。

垫垛是指货物在地面码垛前，在预定的仓位地面位置，使用衬垫物进行铺垫。常见的衬垫物有枕木、钢轨、货板架、木板、帆布、芦席、钢板等。垫垛主要使地面平整，将货物的压力均匀传递到地面，并将堆垛货物与地面隔离，起到防水、防潮和通风的作用。其基本要求如下。

（1）所使用的衬垫物与拟存货物不会发生不良影响，具有足够的抗压强度。

（2）地面要平整坚实、衬垫物要摆平放正，并保持同一方向。

（3）衬垫物间距适当，直接接触货物的衬垫物面积与货垛底面积相同，衬垫物不伸出货垛外。

（4）衬垫物要有足够的高度，露天堆场要达到 0.3~0.5 米，库房内 0.2 米即可。

苫盖主要针对露天堆垛的货物，专门使用苫盖材料对货垛进行遮盖，以减少自然环境中的阳光、雨雪、刮风、尘土等对货物的侵蚀、损害，并使货物由于自身理化性质所造成的自然损耗尽可能减少，保护货物在储存期间的质量。

常用的苫盖材料有帆布、芦席、竹席、塑料膜、铁皮、铁瓦、玻璃钢瓦、塑料瓦等。

货垛牌是指为了能在保管中及时掌握货物资料，而在货垛上张挂的有关该货垛货物信息的资料标签。又称货物标签、物料卡等。在货物码垛完毕，仓管员就需要根据入库货物资料、接受货物情况制作货垛牌，并摆放或拴挂在货垛正面明显的位置上。货垛牌的主要内容有仓位号、货物名称、规格、批号、来源、进货日期、存货人、数量、接货人等。

2. 托盘堆码技术

托盘按材质可分为木托盘、塑料托盘、金属托盘等，如图 2-14（a）（b）（c）所示。

在实际应用中木托盘占多数。如果货物表面不允许有摩擦损坏的情况，就需要采用塑料托盘。托盘按构造可分为单面托盘、双面托盘，单面托盘按形状可分为九脚托盘和川字托盘，如图 2-14（d）（e）所示。

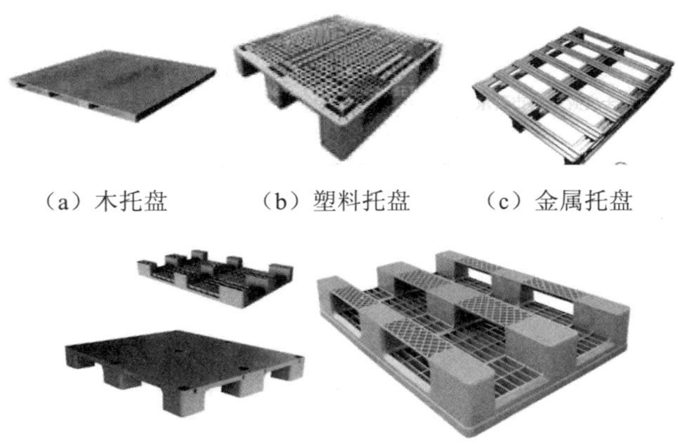

（a）木托盘　（b）塑料托盘　（c）金属托盘

（d）九脚托盘　（e）川字托盘

图 2-14　托盘

托盘作为一种最常用的货物堆放设备，在摆放同一形状的立体包装货物时，可以采用多种交错组合的方式进行堆码，以保证货品的稳定性。常用的托盘堆码方式以及特点如下。

（1）重叠式：指各层码放方式相同、上下对应、层与层之间不交错的堆码方式，如图 2-15 所示。

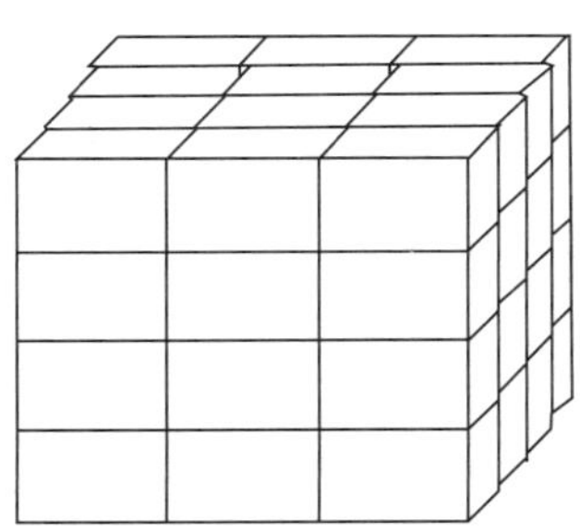

图 2-15　重叠式

优点：操作简单，操作快，货物四个角和边重叠垂直，承压力大。

缺点：层与层之间缺少咬合，稳定性差，容易发生塌垛。

（2）纵横交错式：指上下相邻两层货物的摆放旋转 90°、一层为横向放置、另一层为纵向放置、层次之间相互交错的堆码方式，如图 2-16 所示。

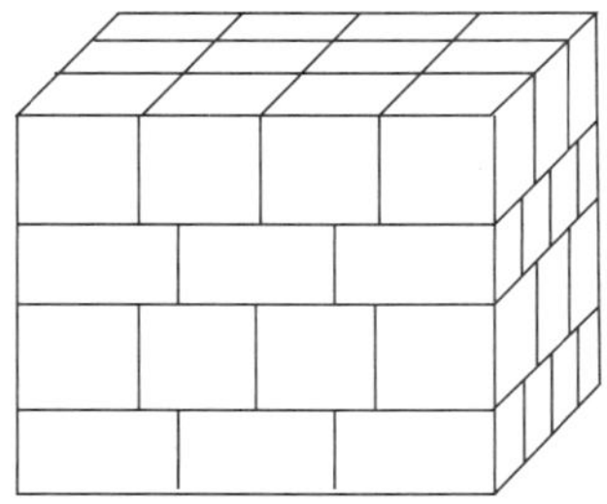

图 2-16　纵横交错式

优点：操作简单，层与层之间有咬合效果，稳定性比重叠式好。

缺点：咬合强度还不够，稳定性非最好。

（3）旋转交错式：指每一层相邻两边的货物都互为 90°、上下相邻两层货物的摆放旋转 180°的堆码方式，如图 2-17 所示。

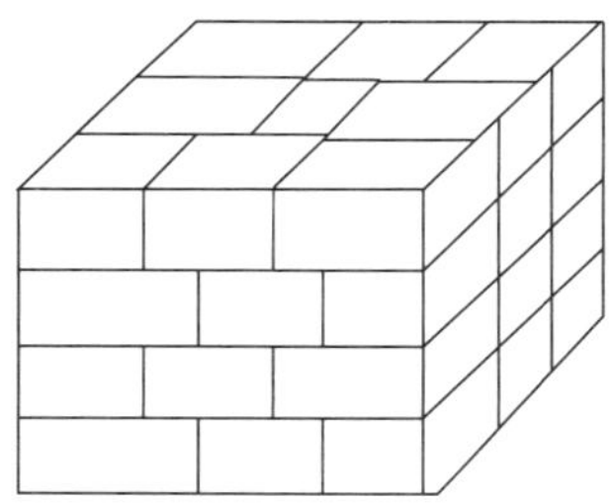

图 2-17　旋转交错式

优点：相邻两层之间咬合交叉，稳定性较高，不易塌垛。

缺点：堆码难度大，中间形成空穴，降低托盘利用率。

（4）正反交错式：指同一层中不同列货物以 90°垂直码放、上下相邻两层货物的摆放旋转 180°的堆码方式，如图 2-18 所示。

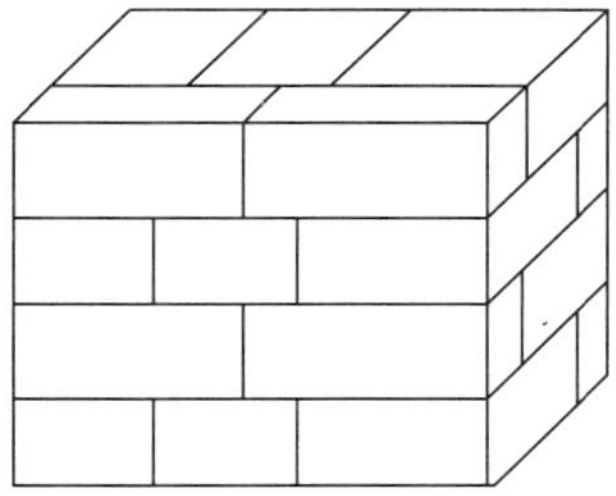

图 2-18　正反交错式

优点：不同层间咬合强度较高，相邻层间相互压缝，稳定性最好。

缺点：操作较麻烦，人工操作速度慢。

3. 托盘需求量计算

托盘需求量计算如下：

托盘需求量 = 存储用托盘数量+拣货用托盘数量+预留托盘数量

其中，存储用托盘数量与重量型货架的托盘储位一一对应，货架规划完毕，这部分托盘的需求量就可以确定。由于拣货用托盘一般不会随车发货，所以只需计算进出库暂存区可以摆放的托盘数量即可。预留托盘的数量一般为前两者总和的3%~5%。

2.2.3　储位管理技术

1. 储位选择原则

（1）根据货物的尺寸、货量、特性、保管要求选择储位。储位的通风、光照、温度、排水、防风、防雨等条件应满足货物保管的需要；储位尺寸与货物尺寸匹配；储位的容积与货量接近；选择储位要考虑邻近货物的情况，防止与邻近货物相互影响。

（2）保证先进先出、缓不围急。先进先出是仓储保管的重要原则，能避免货物超期交货。在储位安排时，要避免后进货物围堵先进货物，存期较长的货物不能围堵存期较短的货物。

（3）出入库频率高的货物使用方便作业的储位。持续入库或者出库的货物应安排在靠近出入口的储位，以方便出入；流动性差的货物可以离出入口较远。同样的道理，存期短的货物安排在出入口附近。

（4）小量集中、大不围小、重近轻远。多品种小批量货物，应合用一个储位或者集中在一个储位区，避免夹存在大批量货物的储位中；重货应离装卸作业区近，从而减少搬运作业，也可以直接采用地面堆垛方式；使用货架时，重货放在货架下层；需要人力搬运的重货存放在腰部高度的储位，以避免腰伤。

（5）方便操作。所安排的储位能保证搬运、堆垛、上架方便，有足够的机动作业场地，能使用机械设备进行直达作业。

（6）作业分布均匀。所安排的储位应尽可能避免仓库内或者同作业线路上同时有多项作业进行，以免相互妨碍。

2. 储位分配与储位编码

储位的分配是指在仓库内为每一种货物分配适当的储存地点。合理分配储位的目的在于做到物得其所，库尽其用，地尽其力。

1）仓库储位分配方式

（1）固定储位。这是指储位只用于存放确定的货物，严格区分使用，绝不混用、串用。有计划性的库存的长期货源大都采用这种方式。固定储位便于拣选、查找货物，但是仓容利用率较低。

（2）随机储位。这是指货物任意存放在有空的储位，不加分类。有利于提高仓容利用率，但是仓库内会显得混乱，不便查找和管理。周转快的配送企业以及保管时间短的货物大都采用这种方式。在计算机配合管理下，随机储位不仅能充分利用仓容，也方便查找。要注意的是，采用随机储位方式，仍然要遵守储位选择原则。

（3）分类固定货物的储位。这是指所有的储存货物按照一定特性加以分类，每一类货物都有固定存放的位置，而同属一类的不同货物又按一定的法则指派储位。通常按货物相关性、流动性、货物尺寸和重量及货物特性来分类。这种方式有利于货物保管，也较方便查找货物，可以提高仓容利用率。大多数仓库都采用这种方式。

（4）分类随机储位。这是指每类货物有固定存放位置，但在各类的储区内，每个储位的指派是随机的。分类随机储位兼具分类储位及随机储位的特色，需要的储位空间介于两者之间。

（5）共用储位。这是指确切知道各货物的进出仓库时间，不同的货物可共用相同储位。虽然共用储位在管理上较复杂，但所需的储位空间及搬运时间更经济。

2）储位编号

为了建立良好的保管秩序，必须对储位进行统一编号。我国仓库多采用“四号定位”，即由库房号、货架号、货架层号和仓位顺序号 4 组号数来表示一个储位。储位编号的表示方法，有数字表示法、字母表示法和数字字母混合表示法。数字表示法是利用0~9共10个数字表示；字母表示法是用汉语拼音字母或A，B，C，D…表示；数字字母混合表示法是同时用数字和字母表示。一般数字字母混合表示法易记且直观，在实际中运用较多。

随着仓库规模的不断扩大及仓储信息系统的建立，在储位定位方面“四号定位”还不够完善。如无法区分库房、货棚、货场；没有把货区表示出来，在仓库比较大的情况下，货架的位置仍不便查找。因此，可对“四号定位”加以补充：一是补充区分库房、货棚和货场的符号，可用拼音字母表示，如用“K”表示库房，用“P”表示货棚，用“C”表示货场，作为第一组编码；二是补充货区编号，用几排几列表示，如32表示3排2列。将货区号插入库房号之后，就构成了“六号定位”（库型—库房号—排—列—层—位）。其优点是对储位的表示更加精确，更便于查找。

3. 储位规格

储位规格依据货架规格的不同而定，常用货架可以分为重型货架、中型货架、轻型货架，下面对重型货架、中型货架、轻型货架三种货架进行储位规格说明。

1）重型货架

重型货架主要用于以托盘为储存单元的货物，重型货架广泛应用于食品、日用品等快消品物流仓库，采用优质冷轧钢板经辊压成型，立柱可高达6米且中间无接缝，横梁选用优质方钢，承重力大，不易变形，横梁与立柱之间挂件为圆柱凸起插入，连接可靠，拆装容易，适用于大型仓库，其常规规格如下（单位：毫米）。

规格1（长×宽×高）：2300×800×3500。

规格2（长×宽×高）：2500×900×4500。

规格3（长×宽×高）：2700×1000×5600。

层数：2/3/4/5层。

承重：每层平均承重1~3吨。

重型货架的储位规格一般为（单位：毫米）：长900~1200，宽800~1000，高800~2500（见图2-19）。

图 2-19　重型货架

2）中型货架

中型货架：主要适用于以箱为储存单元的货物。中型货架造型别致，结构合理，装拆方便，不用螺丝，且坚固结实，承载力大，广泛应用于医药物流、服饰物流、电商物流的仓库。其常规规格如下（单位：毫米）。

规格 1（长×宽×高）：2000×600×2000。

规格 2（长×宽×高）：2500×700×2000。

规格 3（长×宽×高）：2000×800×3000。

层数：2/3/4/5/6 层。

承重：每层承重量为 200~800 千克。

中型货架的储位规格一般为（单位：毫米）：长 400~800，宽 600~800，高 400~1000（见图 2-20）。

图 2-20　中型货架

3）轻型货架

轻型货架：主要适用于以单品（最小销售单位）为储存单元的货物，广泛用于拆零拣货区。轻型货架通用性很强，长度可按刻度快捷切割，可用螺丝任意组装、修正并重新安装，这样既可满足周密计划的使用，又可满足紧急需要的使用。轻型货架常规规格如下（单位：毫米）。

规格（长×宽×高）：1200×400×2000。

层数：2/3/4/5/6 层。

承重：每层承重量为 100 千克。

常规轻型货架的储位规格一般为：长 200~600，宽 400，高 300~1000（见图 2-21）。

图 2-21　轻型货架

2.3　仓储管理

2.3.1　仓储管理的内容

1. 仓储人员管理

1）选拔

物流企业应该优先选择对数字有敏感度的人来担任仓储人员，因为仓储人员需要对出货、入库、库存等数字有明确清晰的概念。个性偏内向的人也适合担任仓储人员，因为仓储岗位的工作内容较多的是操作设备和管理货物。同时，身体强壮体力佳的人也很合适，因为在搬运货物时，需要机动力较强的人员。最后，仓储人员适合喜欢稳定性工作的人，因为作业重复率高，适合擅长做重复作业的人员。

2）培育

物流企业应该安排新进仓储人员认识工作环境，了解组织的制度、仓库的布局、逃生路线、设备的摆放位置和岗位职责，同时，要帮助新进仓储人员熟练设备操作和仓储作业流程。要引导仓储人员持续地思考如何优化作业流程，并鼓励资深仓储人员乐于带新人及提升团队协作能力。

3）任用

物流企业应根据组织的职业发展阶梯适时安排仓储人员升迁和授权赋能。企业可以通过鉴定仓储人员的能力级别，如学历、经历、从业人员等级认证等，适才适用。同时，物流企业可根据绩效考核的结果来鉴定仓储人员的贡献程度，从而进行提拔升迁。最后，物流企业也可以制定人才培养策略，挑选适宜人选进行轮岗锻炼。

4）留用

物流企业激励机制有短、中、长期三种。

（1）短期激励机制：调薪、奖金、津贴、内部培训、公开表扬等。

（2）中期激励机制：升迁、分红、休假、外部培训、特殊待遇等。

（3）长期激励机制：参股、内部创业、海外培训等。

2. 仓储质量管理

1）仓储质量管理的内容

（1）储存货物的质量。仓储的对象是具有一定质量的实体，即有合乎要求的等级、尺寸、规格、性质、外观。这些质量是再生产过程中形成的，仓储的目的在于转移和保护这些质量，最后实现对客户的质量保证。在当代质量保证体系中，对客户的质量保证不可能只依赖于生产，也依赖于流通，如仓储保管、商品包装等都是针对储存货物的质量要求，这些方法和措施都是为了保证储存货物质量完好无损。

（2）仓储服务质量。仓储业有极强的服务性质，服务质量目标是准时、正确、安全、满意。一般来讲，仓储服务普遍体现在满足客户需求上，这一点难度很大，各个客户需求不同，要想实现就需要物流企业的运作有很强的应变力及柔性。因此，物流企业需要有硬件设备和管理系统来支撑。

物流服务质量还包含工作过程的作业质量，仓储的作业质量可归纳为以下许多内容：货物损坏、变质、挥发等影响商品质量因素的控制及管理；货物丢失、错发、报损等影响货物数量因素的控制及管理；货物维护、保养；货物入库和出库检查及验收，货物入库和出库计划管理，计划的控制；货物标签、标识货位、账目管理等的规章制度；库存量的控制；质量成本的管理及控制；库房工作制度、温度和湿度控制制度；工作标准化管理；各工序设备正常运转、完好程度管理；上、下道工序（货主、客户）服务。

2）仓储全面质量管理的基本方法

（1）开展全面质量管理。仓储全面质量管理是以仓储货物的质量为中心，以最优的质量、最佳的服务、最低的消耗，满足客户的各种需求，运用一定的组织体系和科学的管理方法，动员、组织各部门和全体员工共同努力，提高仓储货物质量。

仓储全面质量管理包括以下四个方面。

仓储全面质量管理是全过程的管理。从市场宣传、商务磋商到仓储安排、接收货物、作业、交付、包装、客户保持的全过程都采取全面质量管理。

仓储全面质量管理是一种全员的管理。直接、间接参与仓储活动的所有部门及人员，从企业的高层管理人员到底层的员工都应积极参与全面质量管理，确保货物质量。

仓储全面质量管理的对象是全面的。包括仓储计划、仓库设计规划、仓储作业、仓储管理、财务、商务、设备管理、人力资源等各方面。

仓储全面质量管理的方法是系统的。整个仓储活动的质量管理需要依据统一的质量标准和质量体系，对所有人员、部门的质量要求必须一致，ISO 国际质保体系（仓储）如表 2-2 所示。

表 2-2　　ISO 国际质保体系（仓储）

ISO 国际质保体系（仓储）
1. 目的 对产品的搬运和储存进行控制，保护好各类物资，不影响产品符合规定要求。 2. 适用范围 适用于原材料、顾客财产（委托加工的产品）、半成品及成品等的搬运和储存。 3. 职责 （1）仓库负责实施原材料、顾客财产进厂和成品的搬运、储存。 （2）车间负责实施半成品的搬运、储存和成品的包装过程。 4. 控制要求 1）储存 （1）入库控制。 a. 所有原材料、顾客财产、半成品和成品都必须经检验合格，在来料清单上加盖物料检验合格章后入库存放在指定的库房。 b. 入库必须把好数量关、质量关、单据关，不符合要求的不予入库。 c. 仓库环境保持整洁、通风、干燥、符合消防及防盗要求。 （2）储存期间的控制。 a. 原材料的储存。限额发放，执行先进先出原则，保持账、卡、物一致；使用“库存材料（产品）卡片”标识名称、规格；对储存已久的原材料要及时报告主管领导处理。 b. 成品的储存。入库的成品凭检验单入库，并按成品名称、规格合理存放，做到账、卡、物一致。

续 表

(3) 发放控制。 a. 发放时保管员须凭“领料单”发料；核对顾客名称、产品型号、数量。 b. 生产过程中发现不适宜情况，应执行以物换物的原则，并注明不适宜原因。 c. 按先进先出的原则发放；原则上不预生产，不积压成品。 (4) 仓库应对顾客财产（委托加工的产品）的当日进、出库情况和库存量等进行核对，并将“生产日报表”报技质部、供销部。 2) 包装 (1) 根据产品结构和顾客要求，由技质部规定包装技术要求。 (2) 按包装技术要求实施包装，并检查包装物，如发现潮湿、污染或损坏等异常情况应及时调换。包装过程要规范，保持产品清洁、包装牢固，并对必须保留的标识予以防护。 5. 质量记录 “领料单” “入库单” “物料检验合格章”

注：该 ISO 国际质保体系（仓储）源自某物流企业导入的 ISO 国际质保体系（仓储）。

(2) 采取以防为主的质量管理。质量管理需要建立有效的质量管理体系，采取严格的质量责任制，通过事先控制、以防为主来保证质量，形成质量管理和保证的系统。以事先的要求、事先的检查、事先的防范进行管理，因而需要充分综合现代手段与技术进行质量控制，预先发现问题，提前做好控制工作，确保达到质量标准。

(3) 加强细节管理。虽然说质量管理是一项系统的工作，要有规划地进行，从大处着眼，但是在质量管理中更要重视对细节的质量管理，从仓储、服务的细节入手。通过一系列小变革、小改革，解决小问题，改变小瑕疵，不断进行质量改进及提高整体质量，这样可以大幅度降低质量管理的成本。

2.3.2 仓储管理指标

1. 库存天数

库存天数是指企业货物从入库开始，至消耗、销售为止所经历的天数。库存天数越少，说明货物变现的速度越快，管理效率越高。计算公式如下：

库存天数= 时间段天数×（1/2）×（期初库存数+期末库存数）/时间段销售量

举例：某仓库的月初库存数是 400，月末库存数是 200，当月的销售量 300。库存天数=30×（1/2）×（400+200）/300=30 天。

2. 空储位率

空储位率是指企业在衡量仓库空间的利用率。计算公式如下：

空储位率=空储位数/仓库总储位数×100%

举例：某仓库有 1000 个储位数，已知当月空储位平均是 200 个，空储位率 = 200/1000×100% = 20%。

3. 无事故天数

安全作业是指采取一系列措施使作业过程在符合规定的条件下进行，有效消除或控制危险和有害因素，确保无人身伤亡和财产损失等作业事故发生，从而保障人员安全与健康、设备和设施免受损坏、环境免遭破坏，使经营活动得以顺利进行的一种状态。以没有事故伤害的天数为准进行计算。从没有事故伤害的第一天开始计算，每过一天（当天没有事故伤害），则安全天数加一。

举例：有家物流公司上次发生叉车事故是 2 月 28 日，今天是 4 月 1 日，到昨天为止，该物流公司无事故天数是 31 天（3 月 1~31 日）。

4. 员工离职率

员工离职率是物流企业用以衡量企业内部人员流动状况的一个重要指标，通过对离职率的考察，可以了解企业对员工的吸引力及员工对企业的满意情况。计算公式如下：

员工离职率=期间内离职人数/［（期初人数+期末人数）/2］×100%

举例：某物流公司最近半年离职员工有 13 位，1 月员工数是 120 位，6 月员工数 140 人。员工离职率=13/［（120+140）/2］×100%=10%。

5. 仓储费用率

仓储费用率是指仓储费用占总销售金额的比例，该指标可以衡量仓储费的占比高低，如果占比高或呈增长趋势，就代表企业应该进行关注，甚至加以管控。仓储费用率计算公式如下：

仓储费用率=特定期间的仓储费用/总销售金额×100%

举例：某企业上个月的仓储费是 100 万元，总月销售金额是 1000 万元，仓储费用率=100/1000×100% = 10%。

6. 设备使用率

设备使用率是指每年度设备实际使用时间占可使用时间的百分比，是反映设备工作状态及作业效率的技术经济指标。设备使用率计算公式如下：

设备使用率=实际使用时间/可使用时间×100%

举例：某物流公司买了 3 部叉车，经查记录，上月每部车的总工作时间分别是 100 小时、120 小时、140 小时，上个月的工作天数是 20 天，每天需上班时间是 8 小时。

设备使用率= ［（100+120+140）/3］/（8×20）×100% = 75%。

7. 库存准确率

每个仓管员都会遇上盘点，盘点中遇到的问题也各异，因企业不同，管理的货物各异，规定库存准确率的标准也有差异。常用的库存准确率计算公式如下：

库存准确率=库存盘点数/账面库存数×100%

举例：某仓库的 A 产品账面库存数是 100 箱，实际盘点结果确定只有 99 箱，库存的准确率= 99/100×100% = 99%。

8. 货物损失率

货物损失率是指在一定的保管条件下，某货物在储存期间，在作业过程中因操作不当造成货损数量与在库数量的比率，以百分数或千分数表示。货物损失率计算公式如下：

货物损失率=货物损耗量/货物在库总量×100%

举例：某配送中心上月份库内作业因员工疏失，累计造成某一货品的货损是 12 瓶，上月库内平均库存数是 1.2 万瓶。货物损失率 = 12/12000×100% = 0.1%（等同千分之一）。

9. 客户满意度

客户满意度是指对一个货物可感知的效果与期望值相比较后客户形成的愉悦或失望的感觉状态。心理学家认为情感体验可以按梯级理论划分为若干层次，相应地可以把客户满意度分成七个级度或五个级度。

（1）七个级度为：很不满意、不满意、不太满意、一般、较满意、满意和很满意。

（2）五个级度为：很不满意、不满意、一般、满意和很满意。

客户满意度计算可以量化，以五个级度为例，很满意给 5 分，满意给 4 分，一般给 3 分，不满意给 2 分，很不满意给 1 分。也就是以 1~5 分为衡量标准。举例：某配送中心调查现有客户满意度，结果为很满意的有 5 家，满意的有 10 家，一般的有 8 家，不满意的只有 1 家，没有非常不满意的。客户满意度=（5×5+4×10+3×8+2×1）/（5+10+8+1）= 3.79 分。

解读：客户的满意度介于 3~4 分（一般和满意之间，但比较接近满意程度）。

2.4 配送功能与类型

2.4.1 配送的功能

配送的功能包括“配”和“送”两个功能，配的功能主要是指配货，包含保管、分拣、流通加工等功能，送的功能主要指装卸、送货、收退等功能。

2.4.2 配送的类型

配送的类型如下。

1）按配送组织者不同

（1）零售商型配送中心：随着零售业连锁化，为了更好地服务门店，节约配送成本，总部会设立专属的配送中心。其经营模式有自营模式，也有部门独立核算或委托给第三方物流企业的模式。

（2）专业型配送中心：组织者是专职从事配送的物流公司。其经营特征就是把社会上闲散的资源进行整合利用，从而体现出社会经济效益。

（3）转运型配送中心：货运公司借由各区的营业所、营业集货站发展成专业的转运型配送中心，基本上，这些物流业者以货品的转运为主，只提供“送”的功能。近年来，由于行业竞争，其业务范围也在逐渐增加“配”的功能。

2）按配送商品种类及数量不同

（1）少品种、大批量配送：这类商品大多由传统货运公司承接。

（2）多品种、小批量配送：这类商品大多由专业物流公司承接。

3）按配送时间及数量不同

（1）定时配送：按规定的时间间隔进行配送，如一天一配、一天两配等，还可以满足在指定的时间内送达，如承诺每天上午 8~9 点送达等。

（2）定量配送：按规定的批量进行配送，但不严格确定时间，只是规定在一个指定的时间范围中配送。由于这种方式数量固定，备货工作较为简单，无须经常改变配货备货的数量，因此能有效利用托盘、集装箱等集装方式，也可做到整车配送，所以配送效率较高。

（3）定时定量配送：在规定准确的配送时间和固定的配送数量的情况下进行配送，这种方式适用于用户较为固定，又有长期的稳定计划时，有定时、定量两种方式的优点，采用这种方式有较大优势。缺点是这种方式特殊性强，计划难度大，适合采用的对象不多，虽较为理想，但不是一种普遍采用的配送方式。

（4）定时定路线配送：在确定的运行路线上制订到达时间表，按运行时间表进行配送，用户可在规定路线及规定时间接货，可按规定路线及时间表提出配送要求，进行合理选择。但这种方式应用领域也是有限的，不是可普遍采用的一种方式。

（5）即时配送：在不预先确定配送数量、配送时间及配送路线的情况下，完全按用户要求时间、数量进行配送。这种方式以某天的任务为目标。

此外，依据配送中心的功能还可分为存储型配送中心、流通型配送中心、加工型配送中心；依据配送货物种类可分为食品配送中心、日用品配送中心、医药品配送中心、化妆品配送中心、家电产品配送中心、化学危险品配送中心。

4）新型配送方式

目前，又新兴起一系列现代化的配送方式。

（1）共同配送：几个配送中心联合起来，共同制订计划，共同对某地区用户进行配送，具体执行时共同使用配送车辆。

（2）加工配送：在配送中心进行必要的加工，可使配送工作更主动、更完善。这种将流通加工和配送一体化的形式，使加工更有针对性，配送服务更趋完善。

（3）新型物流配送：指信息化、现代化、社会化的物流配送。它是指物流仓库采用网络化的计算机技术和现代化的硬件设备、软件系统和先进的管理手段，针对社会需求，严格地、守信用地按用户的订货要求，进行一系列的分类、编配、整理、分工、配货等理货工作，定时、定点、定量地交给没有范围限制的各类用户，满足其对商品的需求。

（4）绿色物流配送：其主要包括两个方面。一是对配送系统污染进行控制，即在配送系统和配送活动的规划与决策中尽量采用对环境污染小的方案，如采用排量小的货车车型、近距离配送等。发达国家政府倡导绿色物流配送对策，在污染发生源、交通量、交通流三个方面制定了相关的政策。二是建立工业和生活废料处理的物流系统。

（5）电商物流配送：企业通过互联网加强了企业内部、企业与供应商、企业与消费者、企业与政府部门的沟通、相互协调、相互合作。消费者可以直接在网上获取产品或服务信息，实现网上购物。这种网上的“直通方式”使企业能迅速、准确、全面地了解需求信息，实现基于客户订货的生产模式和物流服务。此外，电子物流配送可以在线跟踪发出的货物，联机实现投递路线的规划、物流调度以及物品检查等。电商物流配送服务结构如图2-22所示。

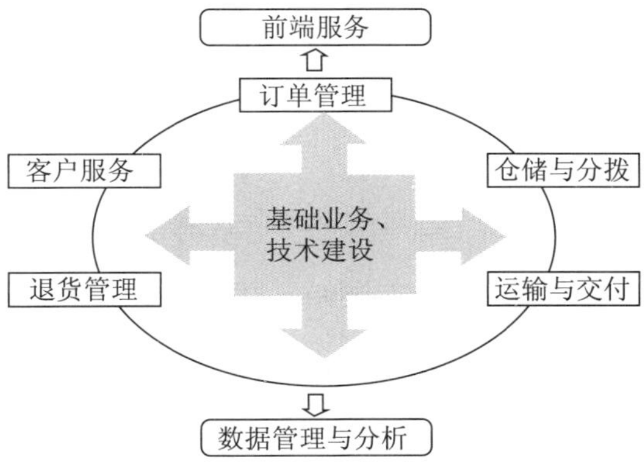

图 2-22　电商物流配送服务结构

2.4.3　配送作业

1. 配送作业的内涵

配送是物流中一种特殊的、综合的活动形式，是商流与物流的紧密结合。配送几乎包括了所有的物流功能要素，是物流的一个缩影或在某小范围中物流全部活动的体现。一般的配送集装卸、保管、包装、运输于一体，这一系列活动完成后将货物送达目的地。特殊的配送还要以加工活动为支撑。分拣配货是配送的独特要求。

配送是一种“中转”形式。配送是从物流节点至客户的一种特殊送货形式。从送货功能看，其特殊性表现为：从事送货的是专职流通企业，而不是生产企业；配送是“中转”型送货，而一般送货尤其从工厂至客户的送货往往是直达型；一般送货是生产什么送什么，配送则是企业需要什么送什么，配送使企业实现“零库存”成为可能。

现代物流配送以客户要求为出发点。从客户的利益角度出发，根据客户的要求进行配送，秉承“用户第一、质量第一”的宗旨，旨在满足客户的基础上达到双方利益的最大化。同时，配送寻求的是一种最合理的方式。对于配送单位来说，需以客户要求为基础，合理追求，引导客户，达到双赢。

2. 配送作业人员应具备的职业素养

一名合格的配送作业人员，应具备相应的素质：①为企业产生有利贡献；②为客户提供有效服务；③在工作中注意健康与安全。（详见仓储作业人员应具备的职业素养）

2.5 配送技术

2.5.1 货物装卸技术

货物装卸是指在运输生产过程中，对货物进行装车、卸车等作业的总称，是运输生产过程中的重要组成部分。基本要求是文明装卸，严禁蛮干。各种运输车辆必须保持完整，车厢不漏。严格执行车辆装载标准和有关规定，车辆装载均衡。装卸件装货物时要求堆码整齐、捆扎牢固、遮盖严密、车厢关闭。对有特殊要求的货物要按有关规定装卸。

1. 货物卸车

货物卸车是指将进货货品从车辆或其他运输工具上搬运到验货区的过程，是货品重要的空间转移过程，该作业的质量对货品在流通过程中破损率的高低影响很大。装卸搬运人员的素质和技能以及所使用的工具都会影响到货品的卸货效率和货损的程度。因此，必须加强对卸货作业的管理和人员技能培训，尽可能采用先进的装卸搬运技术和设备。

对于卸货技术的掌握，应着重在其技术要领方面。

（1）卸货前检查外包装是否完整，如封条、条码是否脱落、破损，图形不清或有凸凹、破裂现象。

（2）对外包装有问题的货品进行拍照并记录，以便确定责任归属。

（3）到货按品名、规格分别堆放，以便验收。

（4）按照包装上的指示方向轻取、轻放，防止货品破损。

（5）堆码时应将条码方向朝外，方便 RF 系统终端设备读取数据。

（6）对包装破损等异常货品单独存放，以便确认和处理。

（7）正确使用装卸设备、工具和安全防护用具，保证货品和人员的安全。

2. 货物装车

货物装车是根据出库凭证和配送员提供的装车单进行点货并指导装车等一系列作业

活动。

（1）装车设备。货物装车涉及的设备主要有两类：一类为检测重量或数量的设备；另一类为搬运设备。数量或重量检测设备是用于检查核对货品数量或重量的准确性，常用的设备是磅秤、台秤、卷尺等；搬运设备用于将核对无误的货品搬运至出库月台装车，常用的搬运设备为叉车。

（2）装车的积载原则。确定了客户配送顺序后，下一步是如何将货品装车。理论上，客户的配送顺序确定后，只要将货物依照“后送先装”的原则装车即可。但实际情况下，为了有效地利用空间，常需要将货品进行堆叠。为了保证货品的质量，在堆叠时需要考虑货品的性质，比如有的货品怕震、禁压、禁撞或者易受潮。同时还需要考虑货品的形状、体积、重量和包装的承重能力等因素。

装车积载时，在“后送先装”的基本前提下，货品装车还需要考虑以下原则。

①为了减少或避免差错，在装车时尽量把外观相近、容易混淆的货品分开。

②“重不压轻，大不压小”，轻货应放在重货上面，小件货应放在大件货上面。

③包装承重能力差的应放在包装承重能力强的上面。

④散发异味的货品不能与食品混装。

⑤散发粉尘的货品不能与清洁货品混装。

⑥渗水货品不能与易受潮货品混装。

⑦包装不同的货品应该分开装载，如板条箱货品不能和纸箱、袋装货品堆放一起；具有尖角和其他突出物的货品应和其他货品分开装载或者用木板隔开，以免损伤其他货品。

⑧装载卷状、筒状货品，须垂直摆放，不能横放或倒放。

⑨货品与货品之间、货品与车辆之间应留有空隙并适当衬垫，防止货损。

⑩装货完毕后，应在门端处采取适当的稳固措施，以防止开门卸货时，货品倾倒造成货损或人员损伤。

2.5.2 车辆调度技术

车辆调度的方法有多种，可根据客户所需货物、配送中心站点及交通线路的布局不同而选用不同的方法。简单的运输可采用定向专车运行调度法、循环调度法、交叉调度法等。如果配送运输任务量大，交通网络复杂时，为合理调度车辆的运行，可运用运筹学中线性规划的方法，如最短路径算法、表上作业法、图上作业法等。其中，图上作业法是将配送业务量反映在交通图上，通过调整交通图初始调运方案，求出最优配送车辆运行调度方法。运用这种方法时，要求交通图上没有货物对流现象，以运行路线最短、运费最低或行程利用率最高为优化目标。实务上，配送中心最常采用固定路线法，一段时间后再根据客户的需求变动进行调整。固定路线法主要考虑车的容量和平均配送点数及配送量来设计路线，原则上，每条路线一车次。举例，有一家连锁零售企业的专属配送中心，要给该企业在某一城市的2000家店配送物品，平均每部配送车可安排10家店，每车每天跑2车次，每店2天配送1次。这样，每天就会有100条路线，这个配送中心每天就需要安排50部车。

2.5.3 路线安排技术

配送路线合理与否对配送速度、车辆的合理利用和配送费用都有直接影响，因此配送路线的优化问题是配送工作的主要问题之一。采用科学合理的方法来确定配送路线是配送活动中非常重要的一项工作。对于路线安排有兴趣的读者，请参阅本系列教材《物流企业运营管理》。

2.6 配送管理

2.6.1 配送管理内容

1. 配送人员管理

1）选拔

物流企业应该优先选择对货物外观和数字有一定敏感度的人才来担任配送人员，因为配送员需要熟悉装车点货和交货签收等工作，对数字必须明确清晰。个性比较偏外向的人适合担任配送人员，因为配送岗位的工作内容较多的是与客户沟通。同时，身体强壮、反应快的人员尤佳，因为搬运货物时需要机动力较强的人员。最后，配送人员通常喜欢挑战性的工作，因为工作场景变化频繁。

2）培育（详见2.3.1仓储管理的内容）

3）任用（详见2.3.1仓储管理的内容）

4）留用（详见2.3.1仓储管理的内容）

2. **配送车辆管理**

配送车辆管理是对车辆及驾驶员的技术监督和安全管理。管理范围包括登记检验车辆信息，考核审验驾驶员，核发车辆牌号、行车证和驾驶证，监督车辆的制造、保养、维修和驾驶员的培训工作，以及管理非机动车。目的在于提高运输效率，保证交通安全，预防犯罪分子利用车辆进行犯罪活动，维护社会治安秩序。

对企业而言，配送车辆管理应当包括车辆档案管理、驾驶员档案管理、行车安全管理、车辆定位管理、用车记录管理、加油管理、维修管理和费用管理等方面，目的在于加强车辆安全行驶，提高车辆使用效率。

配送车辆管理必须结合企业的工作性质和实际情况，制定相关的车辆管理制度，并结合目前较为流行的路歌管车宝车辆管理软件，从制度和技术两方面提高对车辆的监控力度，降低管理难度。

3. **配送质量管理**

根据 GB 6583—1994 中对质量的定义，可以将配送质量的含义理解为：反映配送活动过程中满足客户明确和隐含需要的能力的特性的总和。配送是物质的小范围空间转移，它涉及物流的大部分业务，甚至可以说是一个小范围的物流系统。而从一般意义上讲，凡具有使用价值的产品和服务，都涉及质量问题。配送质量是指物流企业向社会提供的配送服务能够满足客户需要的程度。配送服务是物流企业无形的产品。与有形产品相比，配送服务产品的最基本特征是具有不可感知性。配送活动发生前，客户往往很难确定所能得到的配送质量；配送活动发生后，客户难以对配送质量做出客观评价和标准核定，也难以用检测手段进行检测，而只能对一定时期内的质量数据加以统计分析和评价。从过程来看，配送无须对货物本身进行太多的加工。但如果保管不当，就会对货物的质量产生影响。因此，配送质量管理关系到物流企业的经营和发展。

2.6.2 配送管理指标

（1）车辆装载率：评估车辆运营效率的方法，就是实际所载货物体积除以车厢最大可载货体积。实务上，重货以货物重量计算，轻货以货物体积计算。车辆装载率计算公式如下：

车辆装载率＝实际所装货物量/车辆额定载重量×100%

举例：某家饮料批发商，平均每车可装载 2000 千克的瓶装水，但上个月平均每辆车只装载 1800 千克的瓶装水。这家批发商的车辆装载率= 1800/2000×100% =90%。

（2）配送费用率：配送过程中所支付的费用总和占总销售金额的比率。举例：某批发商上个月的销售金额是 200 万元，总配送费用是 10 万元，配送费用率=10/200×100% =5%。

（3）车辆肇事率：表达一定时期内，企业的交通事故次数或伤、亡人数与司机总数、车辆数或运行里程的相对关系。车辆肇事率计算公式如下：

车辆肇事率 =肇事数量/出车次数×100%

举例：某家配送公司，上个月出了 2 次交通事故，上个月的总出车车次是 2000 次。其车辆肇事率=2/2000×100% =0. 1%（等同千分之一）。

（4）配送准时率：指在一定时间内准时交货的次数占其总交货次数的百分比。配送准时率计算公式如下：

配送准时率=准时配送到点次数/总配送点数×100%

举例：某家配送公司，上个月配送总点数 1000 家门店，准时到店的次数有 900 次，其配送准时率=900/1000×100% = 90%。

（5）车辆油耗：指汽车在良好路面上等速行驶时的燃油经济性指标。车辆油耗计算公式如下：

车辆油耗=加油量/行驶距离

举例：某配送公司平均每部车每天行驶的距离 100 千米，平均每部车每天的耗油量是 7. 8 公升，车辆的油耗就是每百千米 7. 8 公升。

（6）车辆保养费：种类相同的车辆养车费用并不一定相同，价格昂贵的车辆保养费用相对高些。

2. 7 小结

本单元主要叙述了仓储与配送的功能与类型，仓储与配送的技术，仓储与配送的管理。其中，仓储技术部分包含信息技术、堆码技术、储位管理技术；配送技术包含装卸技术、车辆调度技术、路线安排技术。仓储与配送的管理包含人的管理、仓库与车辆的管理，以及质量管理和具有实用性的仓储管理指标和配送管理指标。

单元3　仓库布局及物流设施

学习目标

通过学习本单元，你应该能够：

1. 了解仓库动线的重要性及影响仓库动线的因素
2. 了解仓库规划的基本动线类型
3. 掌握动线分析及应用方法
4. 了解仓库空间布局的重要性及仓库规划的基本条件
5. 了解仓库空间布局的三种类型及其优缺点
6. 了解仓库设施与在物流系统中的地位
7. 理解物流设施的概念、种类、功能及选型
8. 理解物流设备的概念、种类、功能及选型
9. 掌握物流设备规划原则与方法

3.1 仓库动线

仓库动线是由人或物在仓库内移动，形成的一系列的点连接而成的线。如拣货动线为拣货员由拣货设备存放区至某个拣货储位再到其他储位，最后至复核区，这一系列的点构成的线。

3.1.1 仓库动线安排

1. 按出货频率规划

仓库动线的规划通常先要考虑仓库货物出货频率的高低，而如何有效快速管控仓库的货物，最常用的方法是 ABC 分类法。ABC 分类法是库存管理的基本方法之一，并广泛应用于库存管理、生产管理、质量管理及其他许多管理问题。它是管理控制基本原理中最有效的方法。

1）ABC 分类法的基本原理

分类的基本原理：按照库存价值的大小或重要程度的不同，将库存货物分为三类。举例如下。

（1）特别重要的货物 A 类：是指存货数量占总库存量的 10%，而库存价值占总价值的 70%。

（2）一般重要的货物 B 类：是指存货数量占总库存量的 20%，而库存价值占总价值的 20%。

（3）不重要的货物 C 类：是指存货数量占总库存量的 70%，而库存价值占总价值的 10%。

2）ABC 分类法的应用

在对货物进行 ABC 分类后，应依据各企业的管理策略进行重点管理。

（1）A 类货品：属于“关键的少数”，应重点管理。在保证安全库存的前提下，小批量、多批次地采购入库。最好能做到准时制管理，尽可能降低库存总量，减少资金占用成本，提高资金周转率。A 类货品应每天盘点和检查一次。

（2）B 类货品：一般程度的控制。采用定量订货法，前置时间较长，每周进行盘点和检查。

（3）C 类货品：简化库存管理。可以多储备，避免发生缺货。每月循环盘点一次，对于积压货物应该定期向企业决策层汇报，及时清理出仓库。

在实际中，还可以按照销售量、缺货成本、周转次数，供应商的稳定性、库存风险成本等指标来 ABC 分类。

2. 按搬运难易规划

在仓库布局时，也常常需要考虑货物的搬运难易度来设计合理的动线。需考虑货物体积、形状、重量单位，以确定货物所需堆码的空间。通常，重大的货物保管在地面上或货架的下层位置，越轻的货物则可储放在越上层的货架。为了保证货架的安全并方便人工搬运，人的腰部以下的高度通常宜储放重物或大型商品，而体积小或重量轻的货物宜储放在较远或较高储位。因此，仓库管理的基本思路中，会将重量大、体积大的货物储于坚固层架并接近出货区或易于移动的位置，这样可缩短拣货时间和搬运路径，并简化清点工作。

3.1.2　仓库动线类型与应用

动线优化遵循的基本原则是“不迂回、不交叉”。“不迂回”的目的是防止无效搬运，“不交叉”的目的是避免动线冲突，给搬运带来不安全的隐患。为了使动线设计达到最优，需要根据行走距离最小原则进行精细计算，但常常受限于缺乏真实的数据来源。因此，实际操作中往往根据整体进出货的特性来选择合适的动线类型。常见的动线类型有 U 形动线、L 形动线、I 形动线三种。

1. U 形动线

U 形动线是指入库区和出库区设置在仓库的同一侧，如图 3-1 所示。货物由进—存—出形成了一个类似倒 U 字形的移动路线。在传统仓储中，经常会将入库月台和出库月台合并为进出库月台，作为货物进出作业共用，这也属于 U 形动线的类型。使用 U 形动线的仓库各功能区的运作范围经常重叠，交叉点也比较多，容易降低运作效率。

另外，进出仓库的货物在同一个月台上进行收发也容易造成混淆，特别是在繁忙时段处理类似货物的情况下。解决的方法是组建不同小组，分别负责货物进出。

由于 U 形动线的出、入库月台集中在同一边，只需在仓库的一边预留货车停泊位置及装卸货车道位置，一方面，可以更有效利用仓库外围空间；另一方面，也可以集中月台管理，减少月台监管人员数目。在土地少、人工成本高的情况下，这一类型的仓库是最常见的（见图 3-1）。

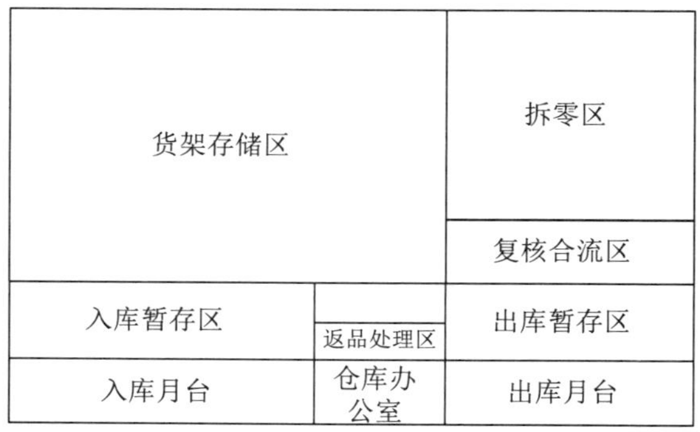

图 3-1　U 形动线

U 形动线特点如下。

①月台资源能综合运用。

②适合越库作业。

③使用同一车道供车辆出入。

④易于控制货物安全。

2. L 形动线

L 形动线是指货物的入库区和出库区设置在仓库相邻的两侧，如图 3-2 所示。货物由进—存—出形成一个类似 L 字形的移动路线。需要快速处理货物的仓库通常会采用 L 形，把货物出入仓库的途径缩至最短，货物流向呈 L 形。

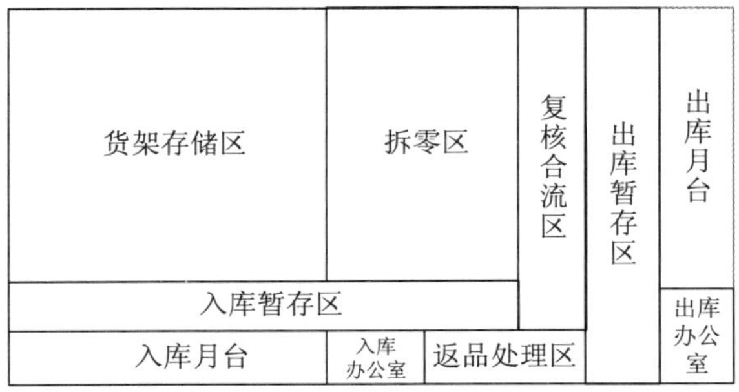

图 3-2　L 形动线

L 形动线特点如下。

①可以应对进出货高峰同时发生的情况。

②适合有库存和无库存同时并存的配送作业。

③可同时处理高频率出入库和低频率出入库的货品。

④适用于流通加工中心。

仓库动线 L 形与 U 形并用的范例如下。

某仓库定位为区域配送中心（RDC），其上游为本地的生产工厂，下游分两部分，一部分是发货到其他各区域的二级配送中心（FDC），另一部分是本地的配送中心。该仓库动线可分两种类型。

对于本地配送，货物入库为整箱，出库需要拆零分拣，仓库布置需要设计拣货区、合流区，因配送货物周转频率不同而采用 L 形动线。

对于其他各区域的 FDC 发货，由于出库也为整箱，无须拆零，且周转速度快，多数情况为越库（Cross Docking）模式，故需将出库月台设置在入库月台旁，因此采用 U 形动线，如图 3-3 所示。

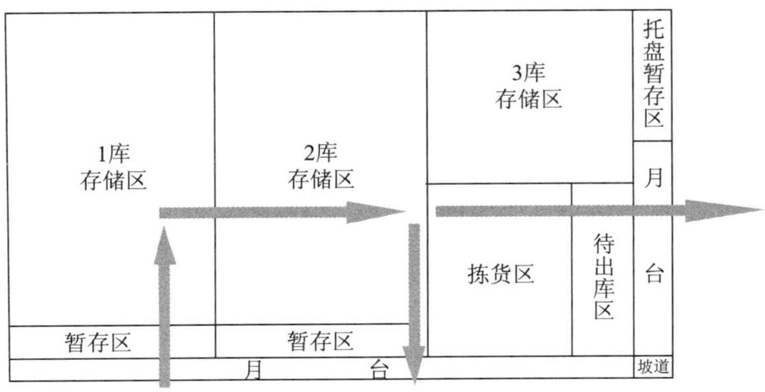

图 3-3　仓库动线

存储区规划时，货物周转速度不同，存储位置也不同。周转快的货物应摆放在离进出口近的库位或者靠近通道的位置，如果是货架存放则应摆放在货架的下层。

3. I 形动线

I 形动线是指出库区和入库区设置在仓库相对的两侧，如图 3-4 所示。货物由进—存—出形成了一个类似 I 形的移动路线。由于 I 形动线的运作流向是呈直线型的，各运作动线平行进行，因此无论是人流或是物流，相互的碰撞交叉点相对来说是最少的，可降低操作人员和物流搬运车相撞的可能性。

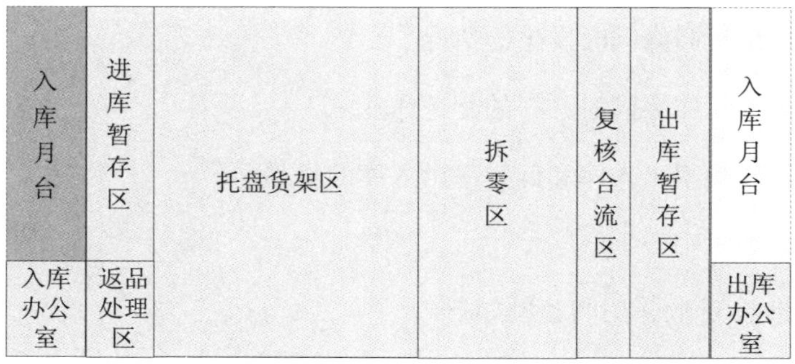

图 3-4　I 形动线

I 形动线存在的最大问题是出、入库月台相距很远，增加货物整体运输路线的距离，降低效率，但是由于直线型的流程较为简单，操作人员比较容易适应，可以弥补该方面的不足。此外，由于出、入库月台分布在仓库的两旁，需要最少两队保安小组负责两个月台的监管，增加了人员投入及运作成本。

I 形动线特别适合快速流转的货物进行集装箱或是货物转运业务。

I 形动线特点如下。

①可以应对进出货高峰同时发生情况。

②适用于无库存的转运中心。

在实际规划过程中，因为业务流程的复杂性，有可能将两种动线结合起来应用。例如，L 形动线和 I 形动线结合成 T 形动线等。如果仓库分为上下两层或多层，动线立体化，则会使设计更加复杂。

3.2 空间布局

仓库空间布局是指一个仓库的各个组成部分，如库房、货棚、辅助建筑物、库内道路、附属固定设备等，在规定范围内进行平面或立体的全面合理的安排。

3.2.1 空间布局原则

为了达到仓库空间合理安排，应遵循以下五点原则。

1）近距离原则

在条件允许的情况下，应使人员、货物在仓库内移动的距离最短，使货物在各功能区间顺畅流动，以最快的速度、最小的成本送达客户，提高配送的效率以及使其有序性运作。

2）布局优化原则

在仓库布局规划时，应尽量使彼此之间物流量大、关系密切的功能区靠近，而使物流量小、关系不密切的功能区布置得远一些。同时尽量避免货物运输的迂回和倒流现象，迂回和倒流现象会严重影响仓库整体效率与效益，甚至会影响环保问题。应将迂回和倒流现象减少到最低限度，使整个仓库的功能区布局达到整体最优。

3）系统优化原则

由于现代物流作业与管理离不开信息技术的支撑，系统优化包含仓储管理系统和配送管理系统的优化。物流的无纸化管理和智能化发展，都离不开互联网和物联网技术的开发和应用。

4）柔性化原则

仓库的布局应随流量和货物种类以及社会经济发展而做出相应的调整改变。随着社会经济的发展，仓库的流量及货物种类会发生变化，原布局规划的局限性就会显露出来，因而，仓库功能布局应该预留发展的空间来适应变化。

5）便于管理原则

仓库的功能布局要有利于货畅其流，有利于作业和管理，完善物流增值配套功能有利于各环节的协调配合，使仓库的整体功能得到充分的发挥并获得最好的经济效益。

总之，仓库的空间布局直接影响企业作业效率和作业成本，因此，仓库布局的合理化对企业有着重要的意义。

3.2.2 空间布局类型与范例

仓库的空间布局可分为三种类型：平面仓库、立体仓库、自动化立体仓库。

1. 平面仓库

平面仓库（简称平库）是指平面布局、自然码放、无高层货架的普通仓库，包括平房仓库、楼房仓库和露天货场等，是一类较为传统的仓库。

平面仓库所具有的特点仍符合某些领域实际运用的需要。因此，平面仓库依然是中国企业运用非常普遍的仓库。面临这样的情况，如何提高平面仓库存储效率，提高仓库操作人员工作效率将成为企业管理者所面对的重要问题之一。面对繁多的出入库流程和信息，以及平面仓库错综复杂的货区和货物的码放，传统的手工管理和普通的信息管理系统无法快速、直观地提取有效信息，这成为提高平面仓库作业及存储效率的瓶颈。将信息管理系统与可视化技术相结合，用简单的图形和颜色直观地表示库存状态和信息，有助于提高平面仓库的存储和作业效率，使之达到现代化高效物流系统的要求。平面仓库示意如图 3-5 所示。

图 3-5　平面仓库示意

另外，在平面仓库内，出于安全、便利作业等考虑，货物的堆码至关重要，一般货物堆码高度控制在 2~5 米范围内，货物堆码应该注意以下事项。

（1）货垛沿库位线齐线放置不越线，货垛边沿横直成线，保证货距 5~20 厘米，以便于清点各库位的货垛数量，墙距 30~50 厘米、柱距 10~20 厘米。

（2）货垛若需托盘叠高摆放，则上层货垛的重心要完全落在下层投影面积内，堆叠整齐、不倾斜倒塌。

（3）外侧（靠近通道）库位的货垛不能高于内侧货垛高，垛高保证灯距 60 厘米、顶距 50 厘米。

（4）每个库位存放同一代码和批次的货物，禁止多种货物混放。

（5）利用各式手推车时，需注意货物堆叠总高度，不可高于手推车扶把 10 厘米。

（6）利用油压式拖板车时，需注意栈板上货物总高度不可超过 160 厘米。

2. 立体仓库

立体仓库也称为高架库或高架仓库，一般是指采用几层、十几层乃至几十层高的货架储存单元货物，用相应的搬运设备进行货物入库和出库作业的仓库。由于这类仓库能充分利用空间储存货物，故形象地将其称为立体仓库。

传统仓库存在着占地面积大、存取货物时间长、劳动效率低、人力成本高、盘点准确率低等种种问题。然而，立体仓库是采用高层货架等进行仓储作业的，这样合理利用能够很大程度上提高仓库的有效高度，仓库的有效面积也就得到了充分的利用，该方式能够很大程度上提高仓库空间的利用率。立体仓库的优点就是能够让仓库中的货物存储集中化、立体化，将仓库的空间利用率尽可能地提高，尽可能地降低土地的购置成本费用。

使用立体仓库存储货物能够在有限的空间范围内对货物进行集中存储，这样对于一些特殊的仓库环境、有特殊需要的货物就能够进行统一的管理。例如，需要温度控制的话，就可以对货物进行统一升温或者降温处理，提高效率的同时降低能源的额外损耗。立体仓库平面布置如图 3-6 所示，某公司立体仓库如图 3-7 所示。

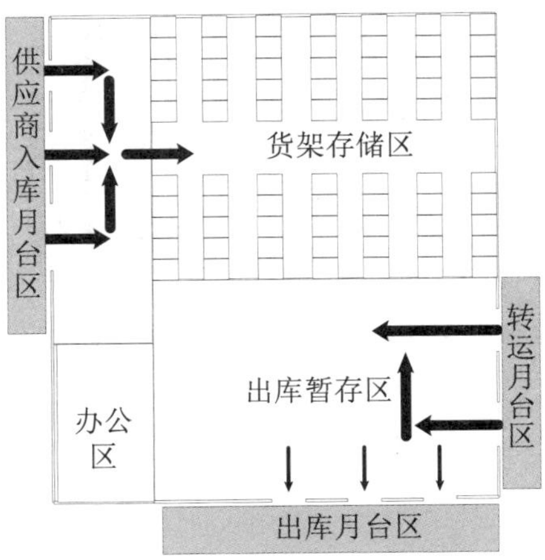

图 3-6　立体仓库平面布置

图 3-7　某公司立体仓库

3. 自动化立体仓库

自动化立体仓库系统是物流技术的革命性成果，可以在计算机管理系统控制下完成单元货物的自动存取作业，是利用自动化存储设备同计算机管理系统的协作来实现立体仓库高层的合理化，并结合不同类型的仓库管理软件、图形监控及调度软件、条码识别跟踪系统、搬运机器人、AGV（自动导引运输车）、货物分拣系统、堆垛机控制系统、货位探测器等构成的一套完整的现代化立体化仓储管理系统。自动化立体仓库由高层货架、托盘（货箱）、巷道堆垛机、输送机系统、AGV、自动控制系统、仓储管理系统（WMS）等部分组成。自动化立体仓库平面布置如图 3-8 所示，单元货格式自动化立体仓库如图 3-9 所示。

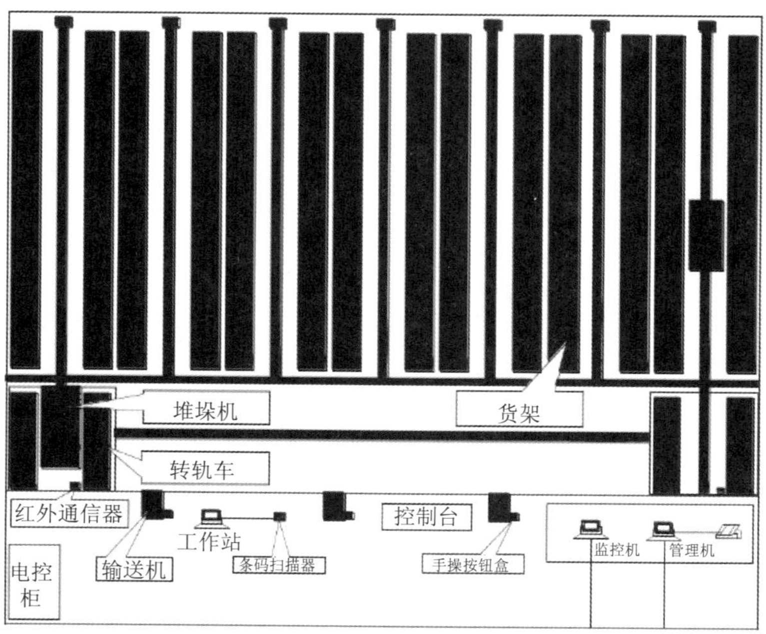

图 3-8　自动化立体仓库平面布置

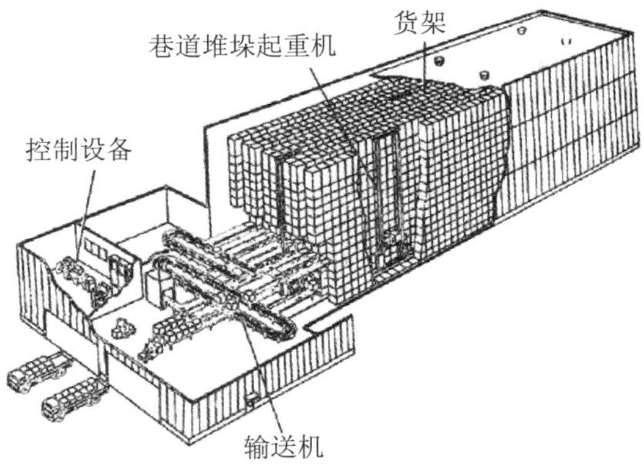

图 3-9　单元货格式自动化立体仓库

自动化立体仓库的高度一般由货架的高度来确定，而货架的最佳高度为 12~20 米，货架高度在 20 米左右的时候单位费用最低。而实际设计时的高度取决于仓库容量，当仓库容量为 1000~1500 吨时，高度为 12.6 米；当仓库容量为 6000 吨或以上时，高度为 16.2 米。某公司自动化立体仓库如图 3-10 所示。

图 3-10　某公司自动化立体仓库

总之，自动化立体仓库是采用高层货架及有轨巷道堆垛机，配合多种周边设备，实现自动存取和货物管理的一种现代化仓库。采用计算机控制和管理技术使立体仓库的功能最大限度发挥，可为企业提供从存储、自动化输送、自动化生产到成品配送的完整物流自动化解决方案。

3.3 物流设施

3.3.1 物流设施的重要性

仓储设施是进行各项仓储活动和仓储作业所需要的设施总称。仓储活动的实现需要相应的劳动场所和劳动工具，而这些劳动场所和劳动工具就是仓储设施。仓储设施是构成仓储系统的基本要素之一。

物流设施的地位和作用可概括如下。

1）物流设施是物流系统的物质基础和重要资产

任何物流系统的正常运转都离不开物流设施的支持，而且物流设施往往需要很大的投资。现代物流设施既是技术密集型的物流服务工具，也是资金密集型的社会财富。因此，科学合理地配置和运用物流设施是提高物流系统效率、降低物流总成本的关键技术手段，也是提高企业经济效益和社会效益的重要方法。

2）物流设施涉及物流系统的全过程

在物流系统运营中，物流各基本功能的实现以及物流功能目标的实现的全过程，都离不开相应的物流设施，并且物流设施配置的合理程度直接影响着整个物流系统的运营效率和效果。

3）物流设施是物流服务水平的重要标志

随着国民经济的不断发展，人们对现代物流服务的要求越来越高，物流设施作为现代物流服务的技术手段，已经成为衡量一个国家、地区和企业的物流服务水平的重要标志。可以说，具备了现代化的物流设施，就具备了向社会提供高水平物流服务的能力。

4）物流设施是物流系统的物质技术基础

不同的物流系统必须在不同的物流设施的支持下才能正常运行。因此，物流设施是实现物流功能的技术保证，是实现物流现代化、科学化、自动化的重要手段。物流系统的正常运转离不开物流设施，正确、合理地配置和运用物流设施是提高物流效率的根本途径，也是降低物流成本、提高经济效益的关键。

5）物流设施是物流技术水平的主要标志

在现代化的物流系统中，自动化仓库技术综合运用了自动控制技术、计算机技术、现代通信技术（包括计算机网络和无线射频技术）等高科技技术，使仓储作业实现了半自动化、自动化。在物流管理过程中，从信息的自动采集、处理到信息的发布完全可以实现智能化，依靠功能完善的高水平监控管理软件可以实现对物流各环节的自动监控，依靠专家系统可以对物流系统的运行情况进行及时的诊断，对系统的优化提出合理化建议。因此，物流设施的现代化水平是物流技术水平高低的主要标志。

3.3.2 物流设施的类型与范例

为满足物流需要而建立起来的机构、系统、组织、建筑等统称物流设施。物流设施主要包括港口、码头、货场、航空港、仓库、自动化立体仓库、物流基地、物流中心、配送中心等。

作为货物的转运、储存和集散地，物流设施是物流环节的重要节点，直接影响物流的效率，而物流管理和物流技术及设备的运用又直接决定了物流设施运作效率的高低。例如，在港口、码头，自动化装卸、搬运技术及设备的广泛采用，大大缩短了货物的停港时间；在仓库，高架自动化立体仓库技术的发展和应用，节约了大量仓库面积，提高了仓库利用效率。

1. 港口

港口是位于沿海、内湖或河口的水路运输转运场所，一方面为船舶服务，从事装卸货物、供旅客上下、补充备品、修理船舶等开航准备工作；另一方面为陆运工具服务，是国内外贸易的集散地，港口如图 3-11 所示。我国最大的集装箱深水港——上海洋山深水港介绍见链接二维码。

上海洋山深水港介绍

图 3-11　港口

（1）按照使用目的的不同，港口可以分为商港、产业港、军港、渔港、避风港和多用途港。

（2）港口一般要配备各种设备，以便于船舶作业。

（3）港口设施与设备有水面设施（航道、锚地、泊位）、码头设施（码头、系船浮筒）、港区交通设备、导航设施（航道标志、信号设备、照明设备、港务通信）、装卸设备和库场设施等。

2. **码头**

码头是供船舶靠泊、装卸货物、旅客上下的设施，码头如图 3-12 所示，包括岸壁、护舷木、系船桩以及灯、水、电话、起重设备等。我国上海洋山深水港四期自动化码头是全球最大的单体全自动化码头，于 2017 年 12 月 10 日开港，上海洋山深水港四期码头开港视频见链接二维码。

上海洋山深水港四期码头开港

图 3-12　码头

（1）码头可分为直码头、横码头等。

（2）集装箱码头的主要设施有靠泊设施、码头前沿、前方堆场、后方堆场、集装箱货运站、控制塔、维修车间、集装箱清洗场、大门等。

3. **货场**

货场是用于存放某些货物的露天场所，也称露天仓库，是地面经过适当处理后没有任何建筑物的存货场地，货场如图 3-13 所示。

图 3-13　货场

（1）货场优势在于比库房、货棚用料省、建造快、花钱少、容量大，只要地面平整，有围墙，有管理人员住房，就可存放货物。

（2）货场劣势是对自然条件的适应能力差，储存的货物有一定局限性。

（3）一般用来存放对保管没有严格要求或进入生产过程后需要再加工的物资，如大型圆钢、铸件、生铁等。

4. 航空港

航空港是航空运输的一个重要设施，是民用航空运输交通网络中使用的飞机场及其附属设施，航空港如图 3–14 所示。

图 3–14　航空港

（1）航空港一般由飞行区（包括跑道、滑行道、停机坪以及各种保障飞行安全的设施、无线电通信导航系统、目视助航设施等）、客货运输服务区（客机坪、候机楼、停车场以及货运站等）和机务维修区（维修厂、维修机库、维修机坪以及储油库等）组成。

（2）在民用航空中又被称为机场，比如，通常把北京国际航空港称为首都机场。

（3）航空港规模较大，设施较完善。

5. 仓库

仓库是以库房及其他设施、装置为劳动手段，对货物进行收进、整理、保管和分发等工作的场所，在工业中，仓库是指储存各种生产需用的原材料、零部件、设备、机具和半成品、产品的场所。仓库在物流系统中是指主要承担物流的保管功能的场所，仓库如图 3–15所示。

图 3-15 仓库

随着科技的不断进步，社会的不断发展，各种类型的智能自动化设备也应用到自动化立体仓库中，仓库更加智能化，《走遍中国》无人仓库的秘籍视频见链接二维码。

《走遍中国》无人仓库的秘籍

6. 物流基地

物流基地也称物流园区，是位于大城市周边、靠近交通干线的、具有一定规模和综合服务功能的特定区域。在区域内，从事国内、国际物流运输或货物分发、转运业务的各类企业集中在一起，为客户提供各种相关服务。这些企业可以购买和租赁物流基地内的地产及各类房产（如仓库、堆场、办公室、停车场等），同时，这些企业共同使用物流基地所提供的交通、水电、通信、餐饮、住宿等配套的基础服务设施，物流园区如图 3-16 所示。

图 3-16 物流园区

物流基地是物流业发展到一定阶段时产生的新兴物流集散方式，在日本、德国等发达国家已经得到了快速发展。物流基地包括物流中心和配送中心。

1）物流中心

物流中心是从事物流活动的场所或组织，应基本符合下列要求：主要面向社会服务；物流功能健全；拥有完善的信息网络；辐射范围大；储存的货物为少品种、大批量；存储、吞吐能力强；物流业务统一经营、管理。物流中心鸟瞰如图 3-17 所示。

图 3-17　物流中心鸟瞰

物流中心是综合性、地域性、大批量的货物位移集中地，它把商流、物流、信息流、资金流融为一体，成为产销企业之间的中介。

物流中心作业包括进货作业、搬运作业、储存作业、盘点作业、订单处理作业、分拣作业、配送作业。

2）配送中心

配送中心是从事配送业务的物流场所或组织，是以组织配送式销售或供应、执行实物配送为主要职能的流通型节点，配送中心如图 3-18 所示。应基本符合下列要求：为特定的客户服务；配送功能健全；拥有完善的信息网络；辐射范围小；储存的货物为多品种、小批量；以配送为主，储存为辅。

图 3-18　配送中心

3.4　物流设备

3.4.1　物流设备的重要性

物流设备是指进行物流活动时所需的机械设备、器具等，可供长期使用并在使用中能保持原有实物形态，但不包括建筑物、装卸站台等基础设施。物流设备主要有存储设备、搬运设备、流通加工设备、配送设备、信息设备等。存储设备包括货架、托盘、物流箱等；搬运设备包括叉车、托盘车、输送带、笼车等；流通加工设备包括热收缩膜机、贴标机、打包机等。

物流设备规划是仓库平面规划后的后续规划。选择合适的物流设备，确定合理的配置数量，并对其摆放位置进行设计，对于仓库内部作业效率的提升，以及整体物流部门效益的提高有很大的影响。物流设备对物流作业的影响主要有以下几个方面。

1）影响作业速度

在仓储与配送作业中，仓库规模的扩大与客户的快速响应是矛盾的。要做到在极短的时间内完成拣选、配送任务，只有不断提高物流设备的运行速度。例如，堆垛机、拣选系统、输送系统等物流装备要向高速运转的目标改进。

2）影响作业质量

除了追求更高的作业效率，更高的作业质量也是客户对物流服务的要求。而在机械化、自动化甚至智能化的时代，作业质量依托于高精度设备，没有高精度，快速度将失去意义。因此，物流设备对客户服务质量起着至关重要的作用。

3）影响作业稳定性

在仓储与配送作业中，通常需要满足客户的即时性需要，这对物流系统的稳定、可靠运行提出了很高的要求。为保证物流系统连续安全运作，要求物流企业拥有高稳定性、高可靠性的物流设备。

3.4.2 物流设备的类型与范例

选用物流设备时，首先要对仓库做需求预测，对货物、设备、人员等相关因素进行估算，然后进行活动与空间关联性分析，最后得出设备选型和摆放的方案。设备选用流程如图 3-19 所示。

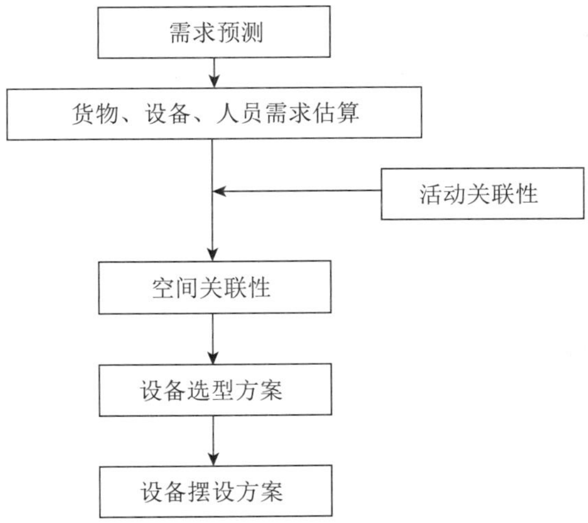

图 3-19　设备选用流程

1. 存储设备

存储设备一般包括货架、托盘、物流箱。某配送中心主要仓储设备配置清单如表 3-1 所示。

表 3-1　某配送中心主要仓储设备配置清单

编号	设备名称	主要技术规格	实购数量	单位
1	货架	2 米×1 米×8.4 米；承重 1500 千克	761	组
2	托盘	1 米×1.2 米	10000	个
3	前移式叉车	丰田；最大提升高度 8 米	3	台
4	平衡重叉车	丰田；最大提升高度 8 米	2	台
5	电动托盘车	欧能牌	3	台
6	油压托盘车	好拉牌；2 吨	10	台
7	物流箱	720 毫米×515 毫米×400 毫米	160	个
8	物流笼车	800 毫米×600 毫米×1450 毫米	150	台
9	打包机	打包带宽度 6~15 毫米	2	台

1）货架规划

（1）货架选型。货架按照承重或者存放模式的不同可以分为重型货架、中型货架和轻型货架。货架类型的选择原则如下。

重型货架适合以托盘方式储存的货物，每层承重超过 500 千克。

中型货架适合以整箱方式储存的货物，中型货架每层承重为 200~800 千克。

轻型货架适合以单件方式储存的货物，单层承重在 100 千克以内。

（2）货架数量配置。以重型货架为例来说明货架数量的配置。货架数量与存储货物数量以及单位货架的存储能力有关，计算公式如下：

$$N=Q/(P\times L\times 2)$$

N——重型货架需求组数；

Q——货物存储总量；

P——单位托盘存放货物数量；

L——规划货架的层数。

注意：其中系数 2 是因为每组货架的每层一般有两个托盘位。

一般情况下，货物存储量随着季节变化会有一定的波动，因此，规划时还要考虑高峰库存的需求。另外，随着业务量的增长，库存量也会不断增大，也需要考虑。

一般货架层数为 5~8 层。货架层数太少难以体现其充分利用空间和提升存储容量的优势，而层数太多则会增加叉车取货的难度，使货物坠落的风险增大。

【案例 1】货架数量计算案例：某仓库欲购买货架，货架类型为 5 层重型货架，重型货架如图 3-20 所示，某重型货架存储货物的类型和平均存储量如表 3-2 所示。计算货架需求组数。

图 3-20　重型货架（其中两根立柱间为一组货架）

表 3-2　　某重型货物存储货物的类型和平均存储量

货物类型	平均库存量	每托盘存放量
A 类	20000 单位	100 单位
B 类	35000 单位	50 单位
C 类	12000 单位	60 单位

求解：货架需求组数＝20000/（100×5×2）+35000/（50×5×2）+12000/（60×5×2）＝20 +70+20＝110 组，共需 110 组货架。

2）托盘规划

（1）托盘选型。在选择托盘时，要注意托盘类型是否满足实际操作的技术需求和便利性。例如，叉车叉取九脚托盘比川字托盘更方便。但如果九脚托盘与重型货架搭配会放置不稳，因此，通常选择川字托盘。另外，平面堆叠多层货物采用双面托盘比单面托盘更平稳。

仓库里的托盘有两种用途：一为存储，即通过与重型货架搭配，大批量存储货品；二为拣货，通常整件货物采用托盘进行拣货，拆零货品采用物流箱进行拣货。进行托盘数量规划时，除满足正常使用外，还要预留一定数量的托盘，以替换使用中受损的托盘或应对需求量突然增加的情况。

（2）托盘需求量计算。托盘需求量计算如下：

托盘需求量＝存储用托盘量+拣货用托盘量+预留托盘量

其中，存储用托盘量与重型货架的托盘储位一一对应，货架规划完毕，这部分托盘的需求量就可以确定。由于拣货用托盘一般不会随车发货，所以只需计算进出库暂存区可以摆放的托盘量即可。预留托盘量一般为前两者总和的 3%~5%。

3）物流箱规划

（1）物流箱选型。在仓储作业过程中，物流箱主要用于拆零拣货。一般物流箱都采用塑料材质，有尺寸大小的区别，分为有盖物流箱和无盖物流箱，如图 3-21 所示。

（a）有盖物流箱　　（b）无盖物流箱

图 3-21　物流箱

（2）物流箱需求量计算。物流箱需求量的计算公式如下：

$$N=\frac{D\times T}{X\times C}$$

N——物流箱的需求量；

D——货物单位时间出货量（个/单位时间）；

T——物流箱的平均使用周期；

X——物流箱平均装满率；

C——标准物流箱的容量。

注：*D* 和 *T* 必须使用相同的时间单位。

【案例 2】某仓库物流箱的使用周期（包括拣货、复核、换纸箱打包）是 120 分钟，而一个标准物流箱可储存 50 个货物，目前物流箱的平均装满率为 70%，假如每小时需拆零拣出的货物数量为 10000 个，则需要的物流箱数量为：

$$物流箱数量 = \frac{10000 \times \frac{120}{60}}{70\% \times 50} = 571.4 \approx 572(个)$$

2. 搬运设备

搬运设备是保证各项仓储作业顺利进行的重要工具。

按照搬运空间不同可分为平面搬运设备（如托盘车、输送带）和高位搬运设备（如叉车）。

按照搬运动力不同可分为人力、电动、燃油等搬运设备。

人力搬运设备包括笼车、手推车、液压托盘车、乌龟车等，如图 3-22 所示，操作简易但速度较慢。

（a）液压托盘车　（b）手推车　（c）乌龟车　（d）笼车

图 3-22　人力搬运设备

电动搬运设备包括前移式电动叉车和电动托盘车，如图 3-23 所示。电动托盘车和前移式电动叉车常用于室内作业，燃油叉车因为尾气排放的原因常用于室外作业；电动叉车的操作较燃油叉车简易，也较符合节能减碳、环保静音的要求。

（a）前移式电动叉车　　（b）电动托盘车

图 3-23　电动搬运设备

搬运设备需求量的计算公式如下：

$$搬运设备需求量(台)=\frac{单位时间内搬运工作量}{单位时间内单台搬运设备工作量\times工作饱和度}$$

其中：工作饱和度是指在单位时间内搬运设备进行搬运作业的时间所占的比例。

举例：某配送中心每天需要搬运 900 个托盘；已知每部叉车每天可以搬运 100 个托盘，但由于充电和维修需要，其工作饱和度只有 90%。因此，搬运设备需求量 = 900/（100×90%） = 10 台。

3. 配送设备

1）配送车辆规格

配送中心要进行正常的经营活动，需要配备充足的配送车辆。

（1）配送车辆按车辆外观一般分为普通配送车辆、厢式配送车辆和冷链配送车辆，如图 3-24 所示。

（2）按照车厢最大允许总质量，厢式货车分为 5 个系列，厢式货车主要技术参数要求如表 3-3 所示。

（a）普通配送车辆　　（b）厢式配送车辆　　（c）冷链配送车辆

图 3-24　配送车辆

表 3-3 厢式货车主要技术参数要求

系列	最大允许总质量 G（千克）	整车总长（毫米）	货箱内部尺寸（毫米）			车辆最小转弯直径（米）	比功率（千瓦/吨）	载质量（千克）	载质量利用系数
			长	宽	高				
A	12000≥G>11500	≤9000	≥6100	≥2050	≥2000	≤21.0	≥8.0	≥6500	≥1.18
B	8000≥G>7500	≤8000	≥4900	≥2050	≥2000	≤19.0	≥9.5	≥3800	≥0.90
C	4500≥G>3500	<6000	≥3600	≥1800	≥1800	≤14.0	≥14.0	≥1450	≥0.47
D	3500≥G>2500	≤5500	≥3050	≥1600	≥1600	≤13.0	≥14.0	≥950	≥0.37
E	1800≥G>1500	<4500	≥2300	≥1400	≥1550	≤11.0	≥23.0	≥400	≥0.28

注：载质量利用系数为车辆载质量（额定载质量加驾驶室准乘人员质量之和）与车辆整车整备质量的比值。

（3）按照车辆最大允许总质量，封闭式货车划分为 4 个系列，封闭式货车主要技术参数要求如表 3-4 所示。

表 3-4 封闭式货车主要技术参数要求

系列	最大允许总质量 G（千克）	整车总长（毫米）	货箱内部尺寸（毫米）			车辆最小转弯直径（米）	比功率（千瓦/吨）	载质量（千克）	载质量利用系数
			长	宽	高				
F	6000≥G>5500	≤7000	≥4500	≥1700	≥1700	≤14.0	≥15.0	≥3000	≥1.10
G	4500≥G>3500	≤6000	≥3000	≥1700	≥1600	≤13.5	≥20.0	≥1400	≥0.45
H	3500≥G>2500	≤5800	≥2100	≥1500	≥1300	≤13.0	≥23.0	≥1000	≥0.40
I	1800≥G>1500	≤3500	≥1400	≥1400	≥1200	≤11.0	≥25.0	≥450	≥0.33

注：载质量利用系数为车辆载质量（额定载质量加驾驶室准乘人员质量之和）与车辆整车整备质量的比值。

（4）冷藏车和保温车内部尺寸较同系列厢式货车、封闭式货车货箱内部尺寸可以相应减少 120 毫米，其载质量和载质量利用系数限值相应减少 15%、10%。

（5）电动汽车、气体燃料汽车等新能源车辆较同系列厢式货车、封闭式货车其载质量和载质量利用系数限值相应减少 25%、20%。

2）配送车辆分类

配送车辆按是否拥有所有权可分为自有车辆和社会车辆，两种车辆的使用成本构成不同。

（1）自有车辆的使用成本包括车辆折旧费、维修费、油费、通行费、税金、保险等。

（2）社会车辆的使用成本主要是租车费和管理费。

3）配送车辆选用

配送车辆选用首先要解决的问题是选择使用自有车辆还是外租社会车辆实施配送作业。

配送车辆的选用需要考虑以下几个因素。

（1）货物性质：对于高价值、高精度的货物或需要特种运输条件的货物，一般选择使用自有车辆进行配送。

（2）客户属性：对于客户分布密集或单一客户配送需求量大的货物，一般采用自有车辆配送。

（3）成本效益：对于常规货物，比较自有车辆和社会车辆两者的成本或效益后择优选用。

自有车辆使用成本和社会车辆使用成本计算如下：

自有车辆使用成本=固定成本+变动成本

社会车辆使用成本=租车费+管理费

成本效益分析是指要选择成本较低的车辆类型。

3.5 小结

本章首先对仓库动线安排、空间布局安排及物流设施和物流设备的重要性进行探讨，了解物流设施与设备在物流系统中的地位；其次，重点介绍了仓库动线和空间布局的类型及应用，以及物流设施的种类、特征及功能；最后，结合案例进行简单的讲解，并解释物流设备是组织实施物流活动的重要手段，是物流活动的基础，以及认识物流设备的种类、功能及选型。

单元1 概　述	单元2 仓储与配送组成要素	单元3 仓库布局及物流设施	单元4 仓储作业
单元5 配送作业	单元6 信息处理	单元7 物流安全管理	单元8 物流信息系统与智能化

单元 4　仓储作业

学习目标

通过学习本单元，你应该能够：

1. 了解仓储作业基本概念与所包含的作业环节
2. 了解仓储作业基本工作流程及工作说明
3. 理解仓储作业管控点
4. 掌握仓储作业异常处理原则
5. 理解仓储作业绩效考核指标以及计算方法

仓储作业包括进货作业、入库作业、补货作业、拣货作业、复核作业、退货作业等各环节。仓储作业的基本作业流程如图 4-1 所示。

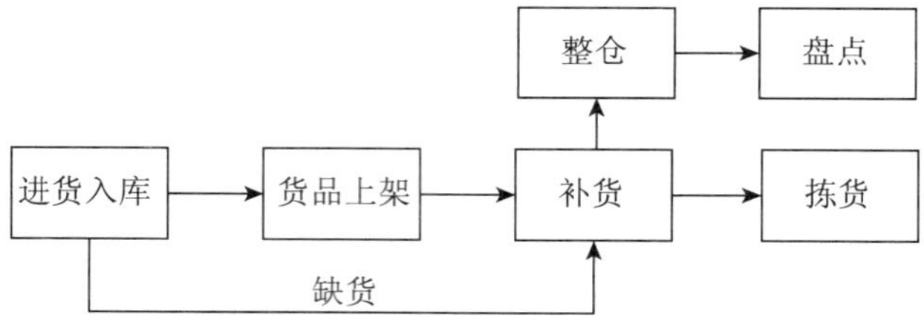

图 4-1　仓储作业基本作业流程

4.1　进货作业

4.1.1　进货作业流程

进货作业是指入库前依据进货计划落实货物卸下、核对单据、检验货物质与量并记录相关必要信息的过程。进货作业是整个仓储作业的基础，也是后续作业的前提，其质量直接影响着后续作业的质量。

进货作业基本流程如图 4-2 所示。

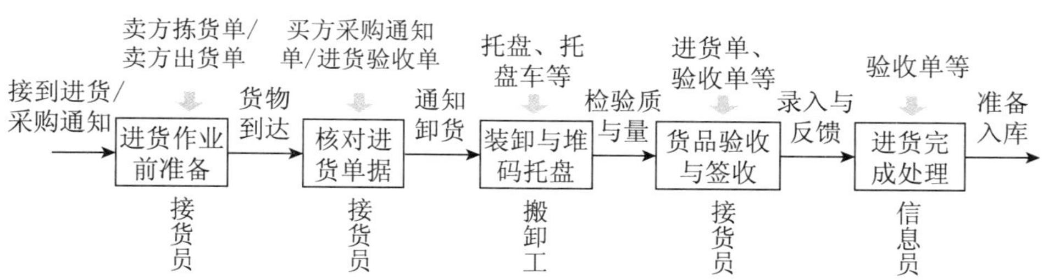

图 4-2　进货作业基本流程

1. 进货作业工作说明

通常情况下，进货作业被划分为进货作业前准备、核对进货单据、装卸与堆码托盘、货品验收与签收、进货完成处理五个部分。

1）进货作业前准备

进货作业前须清晰掌握货品到达的时间、数量、品类及到货方式，同时详尽安排人力、物力、储位等。进货作业准备主要内容包含明确进货计划、储位准备、人员准备、搬运工具准备、相关文件准备。合理的进货作业准备有利于提高进货作业效率，降低进货作业成本。

2）核对进货单据

核对进货单据实际上是核对进货验收单据是否齐全，已达货物与单据中所反映的货物品类、包装等信息是否一致的过程。通常情况下，需要核对的进货相关单据有采购订单、出货通知单、送货单、货物明细以及供应方开具的出仓单、发票等。特殊情况下，如特殊类别的货品还需核对装箱单、质量保证说明书、检疫合格证等。另外，承运企业所转运的货物还需核对货物运输单。

3）装卸与堆码托盘

对于已达货物应及时卸下，司机应将车辆停靠在指定月台处，搬运人员应按照先上后下、先里后外、按单点货、轻拿轻放的原则将货物堆叠在月台指定位置，同票货物放在一起，且相同形体尺寸的货物应放在同一托盘上。在托盘上码货时，应遵循大不压小、重不压轻、长不压短、木不压纸、不得倒置、标签朝上、码放整齐等的原则进行货物堆叠（见图 4-3）。

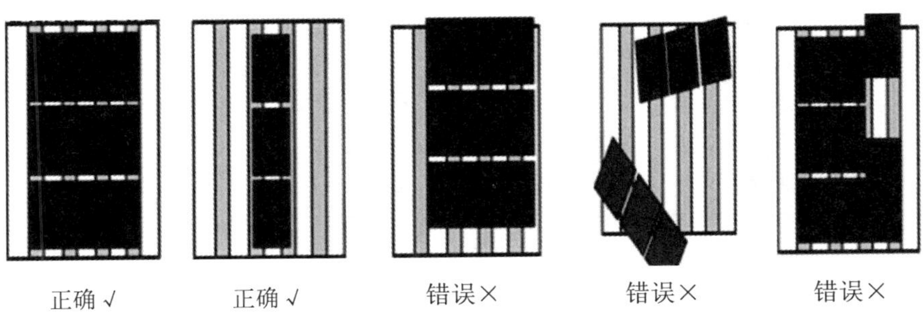

图 4-3　托盘码放示意

4）货品验收与签收

对即将入库货品须按规定进行质和量的查验，以保证进货质量。主要查验内容包含货品本身品质、货品包装情况、交货期、货品总数量。对于符合进货标准的货品进行签收入库。而货品的查验分全检和抽检两种，由供货方与收货方在合同或协议中明确指出。货品验收后，送货方与收货方都在送货单、出货通知单和验收单上签字，以示签收。

RF 系统终端设备验收作业流程如表 4-1 所示。

表 4-1 **RF 系统终端设备验收作业流程**

步骤	程序	作业说明	单证/工具	人员
1	RF 系统终端设备验收准备	领取 RF 系统终端设备和备用电池，检查登录账号是否正常	RF 系统终端设备、电池	仓管员、RF 系统终端设备验收员
2	RF 系统终端设备验收	按照 RF 系统终端设备使用方法，逐个扫描托盘货品条码，并输入货品生产日期，核对收货数量、规格等信息	预检单、订单	RF 系统终端设备验收员
3	验收完毕	保存信息，退出系统，收回 RF 系统终端设备	RF 系统终端设备	仓管员、RF 系统终端设备验收员

5）进货完成处理

进货完成处理主要包含货品信息录入和通知采购部两个方面，即货物一经验收，需填写收货单或验收单，将供应商信息、商品信息、订单信息等录入。同时，验收人员将验收单一联交于采购部。

以国内某知名公司收货工作说明书（SOP）为例进行说明，如表 4-2 所示。

表 4-2 **收货 SOP**

步骤	工作说明	工具/表单
准备设备	1. 从储物柜中取出 RF 系统终端设备及备用电池，检查其网络连接状态是否正常，如不正常告知组长或信息部门进行维护。 2. 凭本人的员工编号及密码进入 RF 系统终端设备收货模式。若不能登录需及时报告组长。 3. 从单据员处领取托盘条码标签	RF 系统终端设备、RF 系统终端设备备用电池、托盘条码标签
车辆进场	通知保安放行车辆进场，指挥车辆停靠月台	对讲机
接单核对	1. 接收供应商投递的一式三份“收货预检单”。 2. 将四位预检单号输入 RF 系统终端设备，光标跳至“托盘号”处，则可卸货验收，否则要请供应商到预检处重新预检，由预检处确定所送货品和订单一致后，才能收货。 3. 如所送货品与订单不一致，请供应商通知供应链部处理。若供应链部同意更改订单，且物流系统接收到新的订单则可收货，否则拒收该批货品	收货预检单
卸货装盘	指导装卸工或供应商按预检单上“托盘标准”的层数及每层箱数装盘，堆叠好后使用聚乙烯（PE）膜将货品与托盘进行捆绑固定，防止出入库时货品掉落，造成损失或人身伤害	收货预检单、托盘、PE 膜

续　表

步骤	工作说明	工具/表单
货品检验	检查货品包装有无破损，货品名称、货品条码、规格、包装是否与 RF 系统终端设备所显示信息一致。如有破损、国内货品保质期低于 80%、国际货品保质期低于 70%、信息不一致的情况则向供应链部反馈，寻求解决建议	—
信息录入	1. 货品检验合格后，贴上托盘条码标签，扫描托盘条码和货品条码，在 RF 系统终端设备“生产日期”栏输入货品包装上所印生产日期。 2. 在 RF 系统终端设备“收货数量”栏输入实际收货数量，但不能大于订货量。 3. 点击 RF 系统终端设备“结束收货”栏，完成收货	托盘条码标签
搬运入库	完成收货后，指导装卸工或供应商将货品用托盘车搬运至入库暂存区	托盘车
签收	1. 存放货品后，收货员在收货预检单上签字，若货品为新品，则收货员保留一联收货预检单，用于新品信息维护。 2. 供应商携带收货预检单到单据窗口打印收货单，并盖章。 3. 供应商到门卫处领取放行条，收货员/退货员在放行条上签字，并指挥供应商离场，安排下一家供应商入场	收货预检单、放行条

2. 进货作业示例

进货作业示例如图 4-4、图 4-5、图 4-6、图 4-7 所示。

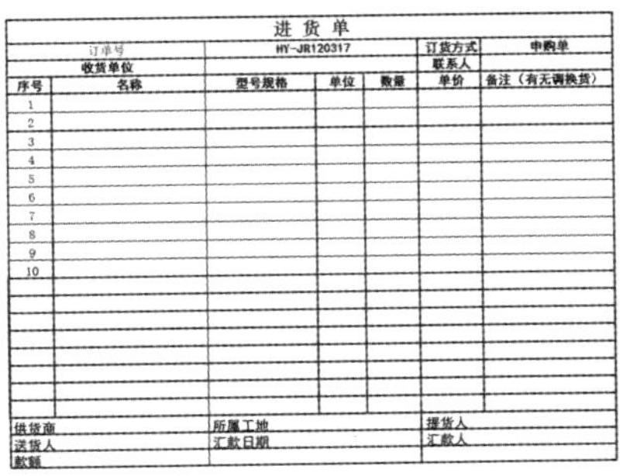

进货单

订单号	HY-JR120317			订货方式	申购单
收货单位				联系人	

序号	名称	型号规格	单位	数量	单价	备注（有无调换货）
1						
2						
3						
4						
5						
6						
7						
8						
9						
10						

供货商　　所属工地　　提货人
送货人　　汇款日期　　汇款人
款额

图 4-4　进货单示例

图 4-5　信息员核对进货单据

图 4-6　叉车在月台卸货

图 4-7　地磅（用于称重所进货品重量）

4.1.2　进货作业管理要点

1. 进货作业管控点

进货作业过程要尽量保证成本低、效率高、有位储、合规范，其管控点如下。

1）做足计划

依据到货时间等信息，做好接货、验收计划，尤其对人员和设备安排，同时尽可能减少失误。

2）严格执行

规范作业流程，明确核单、验收、卸货等作业方法和原则，严格执行作业计划，各岗位应认真对待自身作业环节。

3）督导与核查

作业管理人员应做好现场工作指导，督促作业人员积极、认真完成工作，核查工作人员工作方法与技巧，积极做总结。

4）问题及时处理

无论在作业过程中或事后，对遇到的相关差异、作业流程、操作方法等问题应及时处理纠正。

2. 进货作业异常处理

（1）核对单据。核对过程中，若发现单据中货品品种或数量与实际货品存在差异，应及时确认并更正。

①货品品种或数量缺少：修改订单，留下记录。

②货品品种或数量多余：删除多余信息。

（2）货品验收。

①货品品种或数量少：按实际验收。

②货品品种或数量多：拒收。

（3）验收后未在单据上签字确认的，应及时补签。

4.1.3 进货作业绩效考核

1. 到货准时率

到货准时率是衡量配送的服务水平，其计算公式如下：

$$到货准时率=实际准时到货次数/总配送次数\times 100\%$$

注：在指定的时间内到货，通常提前或延迟半小时内送达都属于准时到货。表 4-3 表示某仓库计划到货时间、实际到货时间。

表 4-3 到货统计

计划到货时间	09：00	10：00	10：30	11：30	12：00	13：00	14：00	15：00
实际到货时间	08：40	09：35	10：20	11：40	12：25	13：40	14：45	15：25
准时到货统计	√	√	√	√	√	×	×	√

则到货准时率为：6/8×100%＝75%。

2. 进货正确性

衡量进货的正确操作能力有三层意义。

1）完美订单率

衡量供应商进货的准确情况，又称为完美订单率：

$$完美订单率=完美订单笔数/总订单笔数\times 100\%$$

计算举例：

假设供应商本月送货 5 次，其中有 1 次缺货，其完美订单率为 80%。

2）进货正确率

衡量进货与验收的准确情况，又称为进货正确率：

$$进货正确率=实际进货验收数量/送货单上总进货数量\times 100\%$$

计算举例：

假设实际进货验收数量 90 箱，但送货单上是 100 箱（原因是外箱严重破损），则送货正确率=90/100×100%=90%。

3）进仓正确率

衡量验收与进仓的准确情况，又称为进仓正确率：

进仓正确率=实际进仓数量/验收单上总数量×100%

计算举例如下。

实际进仓数量是99箱，但验收单上的总数量是100箱（原因是进仓搬运中发生货损），则进仓正确率=99/100×100%=99%。

注：进仓搬运货损通常由进仓员负责赔偿。

3. 月台使用率

月台使用率可以衡量月台饱和利用情况，其计算公式如下：

月台使用率=月台实际使用时间/月台最大可用时间×100%

计算举例如下。

假设某配送中心24小时运作，有10个月台，则当日最大可使用时间为240小时，今天实际使用月台的总时间是96小时，则月台使用率=96/240×100%=40%。

4.2 入库作业

4.2.1 入库作业流程

入库作业是指依据客户要求将已运抵并验收的货物按照已分配的储位依次合理安排入库的过程，该过程常位于进货作业之后，需合理安排人力、物力等资源，并遵循入库作业标准程序。同时，货物的确认、仓库库存的变更等常依赖现代信息技术。

将RF系统终端设备与计算机系统结合使用，入库作业基本流程如图4-8所示。

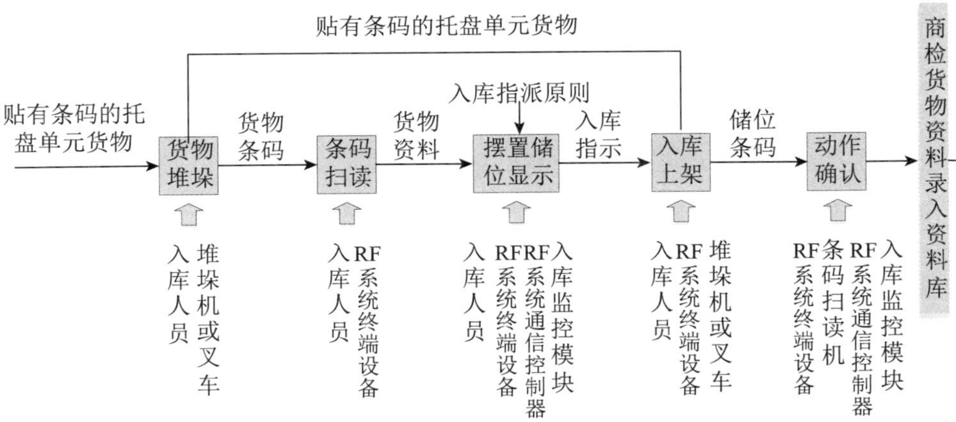

图 4-8　入库作业基本流程

1. 入库作业工作说明

通常情况下，将入库作业划分为四个部分，即入库作业准备、确认与搬运、上架与确认以及入库作业完成处理。

1）入库作业准备

入库作业准备是确保入库作业有效、顺利进行的重要环节，目前，较为全面的入库作业准备内容包括信息准备、场地与储位准备、人员准备、设备准备、单据准备、技术准备等内容。提前确定入库货物种类、数量、体积、包装、到达时间、形状等信息，从而合理安排装卸搬运设备、人员、记录单证、场地、储位以及辅助材料等，同时提前做好入库计划，合理采用作业工艺，以确保入库作业安全、高效、节约。

2）确认与搬运

货物搬运前，必须确认货物信息并巡视仓库，确认入库位置和搬运工艺。确认后，安排搬运人员将货物搬运至预设位置。

3）上架与确认

将运至预设位置的货物运用堆垛机等设备依次上架，货物安全放置后再确认货物信息与储位，以确保所放储位正确。

4）入库作业完成处理

货物上架完成后，需办理入库手续，主要包括录入货物信息、建立货物明细卡、货物登账、建立仓库工作档案等。货物信息的录入可通过手工或 RF 系统终端设备等扫描条码的方式完成；对于建卡和登记货物明细账要做到入库即建卡、入库即登账，并经常核对卡、账、货，保证相符。

以国内某知名公司入库作业标准工作说明为例，入库作业 SOP 如表 4-4 所示。

表 4-4　　入库作业 SOP

序号	工作步骤	工作说明	相关图表
1	巡视仓库	保管员巡视仓库，根据存放储位上标示的货物信息初步确定货物录入位置	—
2	货品搬运	保管员指挥拣货员将货物搬运到预入库位置	—
3	储位录入	（1）用 RF 系统终端设备扫描目标储位，并输入货物条码，根据提示信息输入数量； （2）保管员指挥拣货员完成入库动作，同一种货物尽量集中放置； （3）保管员确认储位录入动作完成后在 RF 系统终端设备上进行信息确认，当看到“数据已保存！”的确认信息后可以进行下一个货物的录入动作	RF 系统终端设备操作手册

2. 入库作业示例（见图 4-9 至图 4-12）

入库作业示例如图 4-9、图 4-10、图 4-11、图 4-12 所示。

图 4-9　搬运货物入库

图 4-10　堆垛机上架作业

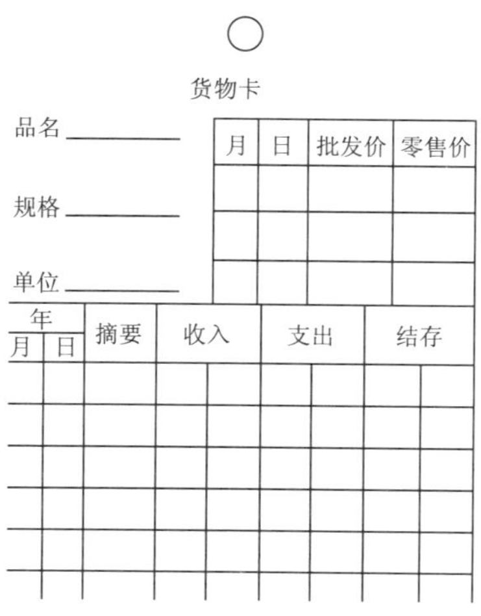

图 4-11　需要填写的货物卡

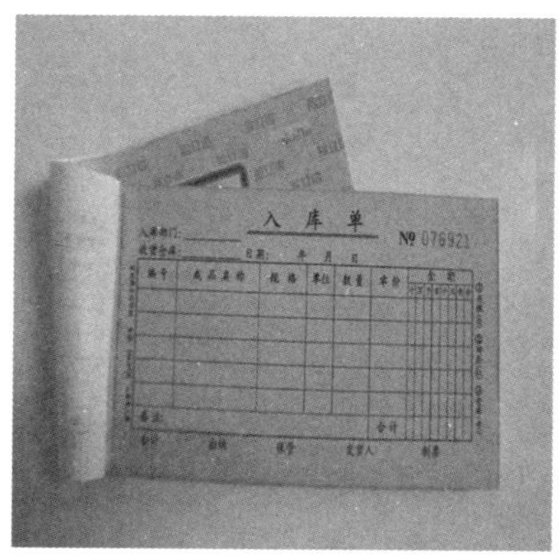

图 4-12　需要填写的入库单

4.2.2 入库作业管理要点

1. 入库作业管控点

入库作业是合理、高效地将已达货物运进仓库并上架的过程，其重中之重在于搬运、上架，此作业过程要保证安全性、准确性、高效性、经济性。

1）提前准备，合理计划

入库作业本身对操作性要求较强，操作合理性与熟练性，路线熟悉程度等严重影响着该作业过程的安全、经济、高效、准确，故要合理准备设备、人员及规划路线等，并依据计划合理分工。

2）严格执行

作业人员应严格遵循工作内部作业手册，规范要求，同时也应认真执行作业计划，按已规划的路线进行分工作业。

3）督导与总结

作业过程中，督导人员应积极指导，并及时指出发现的问题。同时，操作完毕后，应及时对作业流程、技术等进行总结，发现搬运技术、上架技术、规划、设备选取等存在的问题。

4）及时处理问题

对于作业中存在的问题，应及时处理，技术差的人员需要多练习；规范不明应再次或多次申明；计划不周全，应汲取经验，积极改进等。

2. 入库作业异常处理原则

1）上架确认

①储位记录错误：通知信息部更正。

②储位错放：重新上架。

2）货物破损

①仅外包装破损：更换包装。

②货物质量受损：按价赔偿。

4.2.3 入库作业绩效考核

1. 入库正确率

入库正确率是衡量入库正常操作情况重要指标，其计算公式如下：

入库正确率＝储位正确位数/储位总位数×100%

计算举例如下。

今天有300个托盘要入库上架，入库后复查时发现有3个储位错误，则入库的正确率＝297/300×100%＝99%。

注：储位错误通常原因是仓管员入库时发生错误。

2. 搬运货损率

搬运货损率是衡量搬运正常操作情况的重要指标，其计算公式如下：

搬运货损率＝ 搬运货损数量/搬运总数量×100%

注：数量可以是箱数，也可以是金额。

举例计算如下。

今天在仓库里发生2起搬运不慎事故，打破2箱玻璃瓶装酒，每箱价值1000元；今天总进出货2000箱，价值20万元，若以箱数计，则有搬运货损率＝2箱/2000箱＝0.1%；若以金额计，则有搬运货损率＝1000元/箱×2箱/20万元＝1%。

注：两者计算结果不同是因为破损的是价值较高的货物。

4.3 补货作业

4.3.1 补货作业流程

补货作业是依据拣货区货物存量需求，即当拣货区存量降到设定标准以下时，合理安排人力、物力等资源，有计划地将货物从仓库保管区转移到指定拣货区，并做信息处理的过程，该作业应有计划、合理地进行，是保障拣货区有货可拣且方便快捷的前提。对于连锁门店等商品陈列、销售区域的补货，通常将货物有计划地从仓库运至门店等，并在商品陈列、销售区域依次有序地将货物摆放到货架上。依据补货方式的不同，常把补货作业分为整箱补货、托盘补货、货架上下层补货三类；依据补货时机不同，常把补货作业分为批次补货、定时补货、随机补货三类。

补货作业基本流程如图 4-13 所示。

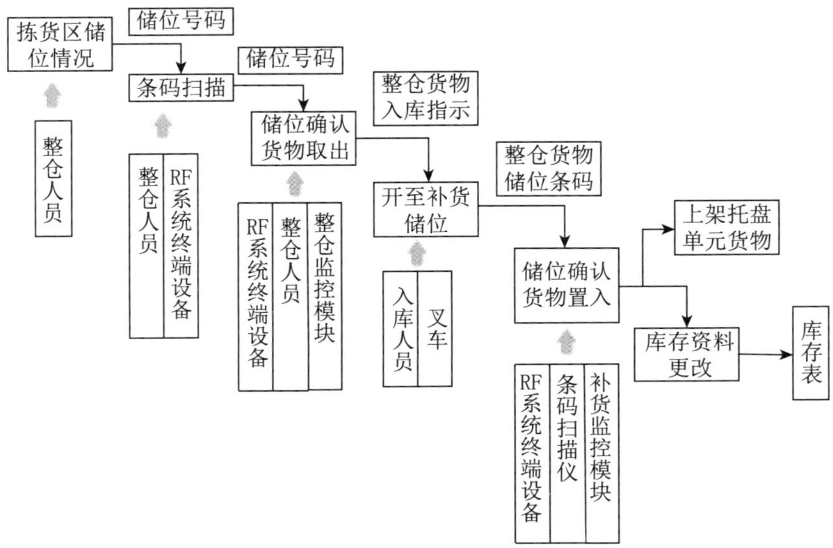

图 4-13　补货作业基本流程

1. 补货作业工作说明

补货作业主要内容通常包含补货作业前准备、核对与下架、补货与确认、补货完成处理等。

1）补货作业前准备

仓储作业中，补货作业进行前，需充分掌握所需移动货物的品类、数量、移动前后库位、补货时间等信息，这些信息通常是通过整仓作业取得的。在掌握基本信息的基础上，做好补货计划准备，同时合理安排搬运人员或拣货人员、搬运设备、信息设备及搬运工艺等。

2）核对与下架

补货作业随补货信息表的下发而开始，补货人员接到补货信息表之后，应详细核对补货信息表和库存货物，以保证下架货物的准确性。核实后，安排搬运人员或拣货人员将货物下架，并有效搬运至需补货的拣货区域。

3）补货与确认

在需补货的拣货区域，将移至的货物进行拆箱或整箱、整托放置于待补货储位，同时确认货物信息与储位是否正确。

4）补货完成处理

补货完成后，信息员需及时完成仓库保管区域与拣货区域存放货物信息的变更。同时，补货人员在补货信息表或补货单上签字确认补货完成。

某知名企业整仓补货 SOP 如表 4-5 所示。

表 4-5　某知名企业整仓补货 SOP

序号	工作步骤	工作说明	相关图表
1	巡视仓库	巡视仓库，查看储位上货物情况；当发现同一种货物放在不同储位上或需要对某种货物进行移位时，准备进行整仓动作	—
2	货品整仓	（1）扫描目标储位条码，输入储位编码； （2）扫描该储位上的货物条码并确认，根据备选储位信息判断整仓动作； （3）在 RF 系统终端设备上选择移出货物的储位； （4）输入实际整仓的件数； （5）从被选储位移取一定数量的货物； （6）放到目标储位； （7）按确认，完成本次整仓作业	RF 系统终端设备操作手册
3	发放补货信息表	行政信息部人员发放补货信息表（一次补货信息表及二次补货信息表）	补货信息表
4	补货	（1）叉车司机与高层拣货人员根据补货信息表将高层储位货物叉下，并在货物外箱上注明分货储位，高层作业过程中要特别注意人身安全； （2）零码补货人员将货物拆箱，并依据外箱上的储位标识，将零码货物放入对应储位上	补货信息表
5	签名确认	确认补货完成后由高层拣货人员在补货信息表相应位置签名确认	补货信息表

2. 补货作业示例

（1）整箱（整托）补货如图 4-14、图 4-15 所示。

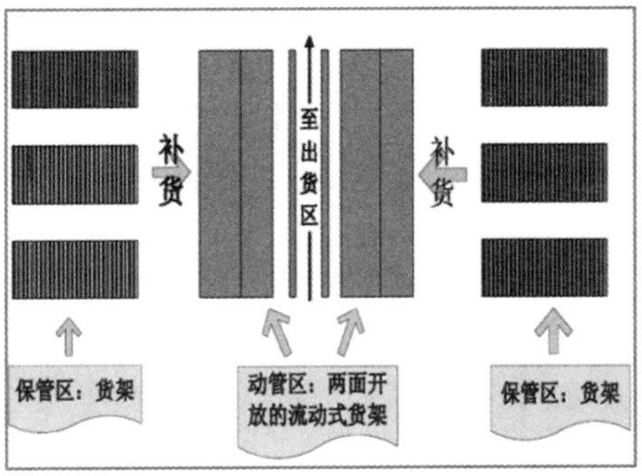

图 4-14　将保管区货架货物补货到动管区货架上

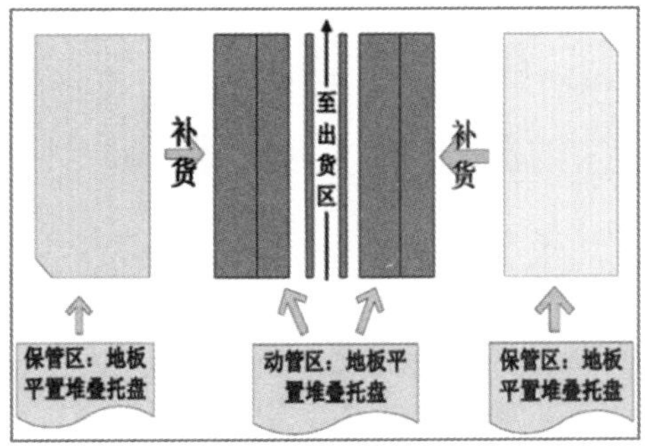

图 4-15　无货架整托补货示意

（2）地板、货架整托补货示意如图 4-16 所示，货架上下层补货示意如图 4-17 所示。

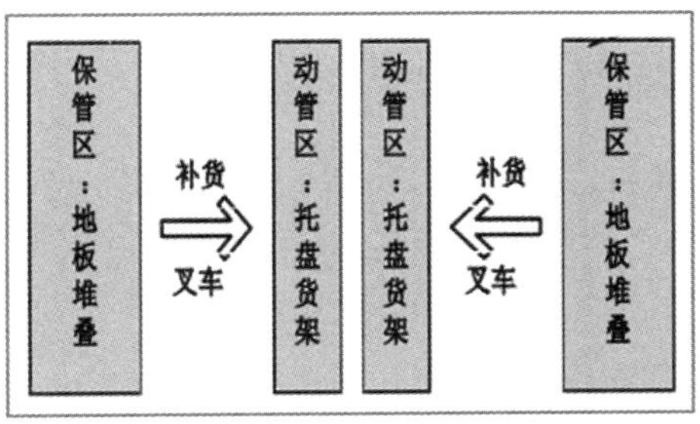

图 4-16　地板、货架整托补货示意

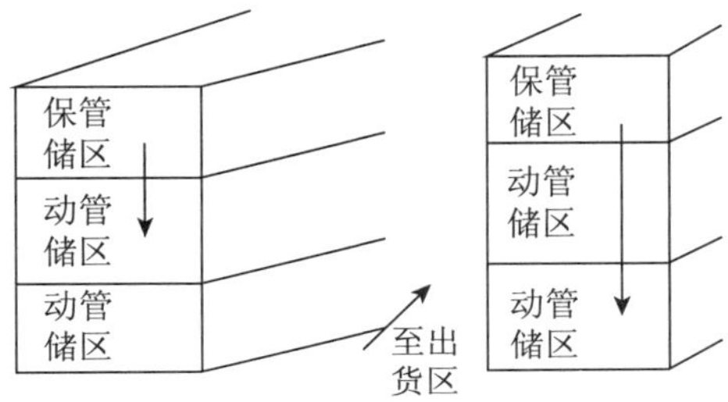

图 4-17　货架上下层补货示意

（3）补货单模版 1 和模版 2 如图 4-18、图 4-19 所示。

补货单								
货品类别			补货日期/时间			本单编号：		
项次	品名	单位	货品代码	源储位	目的储位	最低/最高存货量	补货量	实际补货量

图 4-18　补货单模板 1

补 货 单

WL/BH/0108-2011

补货部门：库房　　补货日期：11-08-00　到货日期 11-08-00　前

序号	商品编号	商品名称	规格	单位	订货数量	库存数量
1						

库房：　　采购部：

图 4-19　补货单模板 2

4.3.2　补货作业管理要点

1. 补货作业管控点

1）做足计划

补货作业首先要了解缺什么货、补什么货、缺多少、补多少、在哪补、补到哪等问题，这些弄清楚之后再有计划地安排作业人员，规划搬运路径，确定搬运设备等。总之，合理的计划是做到经济、高效、精准的基础。

2）严格执行

操作规范、实施计划是作业人员作业的标准，是有效完成工作的保障，作业人员应认真对待，做到熟练操作工具、仔细核对储位、认真点清数量等。

3）督导与总结

指导路线、技术，督促作业效率，及时发现、更正错误，督促有效总结等都是保证正常作业、提升作业水平的基本把控。

4）问题处理

对于发现的下架、搬运等技术问题，以及储位错误等核对问题，应及时纠正，同时应认真对待，确保提高下次准确率。

2. 补货作业差异处理

补货作业要进行严格的补货确认。

（1）错放货位：核对过程中，一旦发现货物错放货位，应及时更正调整。

（2）拿错货物：补货确认时，若发现货物是非补货货物，应及更换或放回原货架。

4.3.3　补货作业绩效考核

1. 补货正确率

补货正确率是衡量补货作业的正确情况的基本指标，其计算公式如下：

补货正确率＝补货正确数量/补货的总数量×100%

注：数量可以是箱数，可以是托盘数，也可以是金额。

2. 补货货损率

补货货损率是衡量固定期间补货作业的货损情况的基本指标，其计算公式如下：

补货货损率＝补货作业货损金额/补货作业货物总金额×100%

4.4　拣货作业

拣货作业是在已明确客户订货需求或配送中心配送计划的情况下，拣货人员依据订货单据或配送单据，将货物从拣货区有计划地分类并集中到待配送区域的过程。目前，随着科学技术的发展，拣货作业已逐渐进入机械化、智能化拣选的时代。

从成本的角度看，物流作业的成本主要来源于配送和仓储成本，而仓储成本又分为仓库成本和库内各种作业成本，这些作业包括拣货、装卸搬运等。不同形态的配送中心，其作业类型也有所不同，因此，其成本构成也有所差异。然而，根据统计资料的显示，配送、仓库成本和拣货作业成本为不同配送中心的前三大成本来源，如图 4-20 所示。

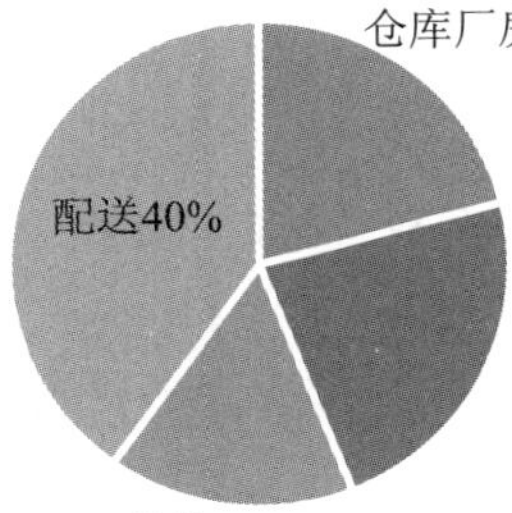

图 4-20　各主要作业成本统计平均饼状图

此外，与拣货作业直接相关人力的投入，占整个配送中心投入人力的 50%左右；而在整体配送中心的作业时间当中，拣货用时占 0~40%，因此，不论从成本、人力投入，还是时间花费来分析，都显示了拣货作业的重要性。

4.4.1　拣货作业流程

配送中心每天接到订单都各不相同，订单上的货品种类和数量也千差万别，如何以最快的速度、最准确的数量、最低的作业成本将这些货品从仓库内拣出来是配送中心研究的课题。一般而言，拣货作业的主流程从收到订单开始，首先，对订单进行处理，没有订单的处理就没有拣货作业的合理化，订单处理包括订单分类、分批、订单分割等，根据订单处理结果选择合适的拣货方式；然后，生成拣货资料，拣货人员根据拣货资料去找到货品并拣取它，拣出的货品经过集货后进入出库暂存区，如果是批量拣取，则要对拣出的货品进行分货作业后进行集货，拣货作业基本工作流程如图 4-21 所示。

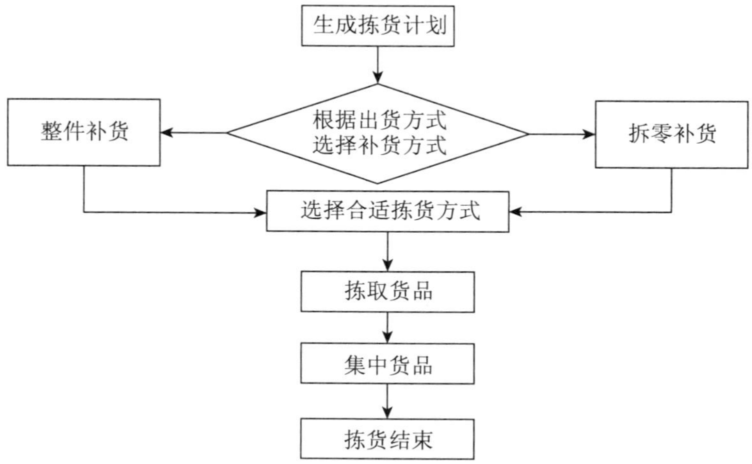

图 4-21　拣货作业基本工作流程

拣货作业按不同拣货方式，可以分为摘取式拣货和播种式拣货。

1. 摘取式拣货作业流程与工作说明

摘取式拣货（Digital Picking System，DPS）是按每张订单拣货的过程，拣货后不用再进行分类作业，适用于大数量订单的拣货处理。摘取式拣货作业主要分为拣货作业准备、核对与拣取、搬运与合计、拣货完成处理四个部分，人工摘取式拣货流程、RF 系统摘取式拣货流程分别如图 4-22、图 4-23 所示。

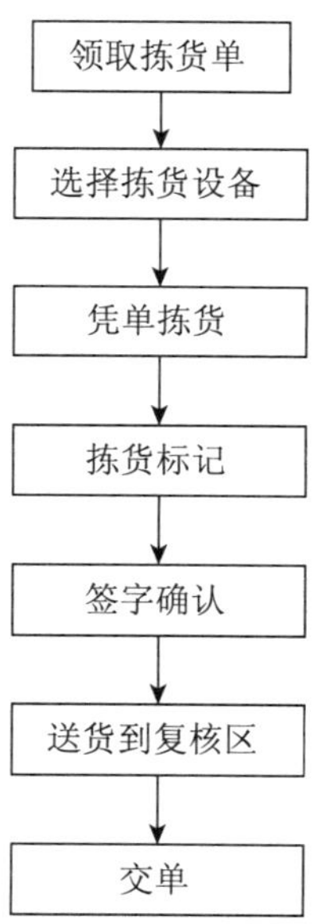

图 4-22　人工摘取式拣货流程

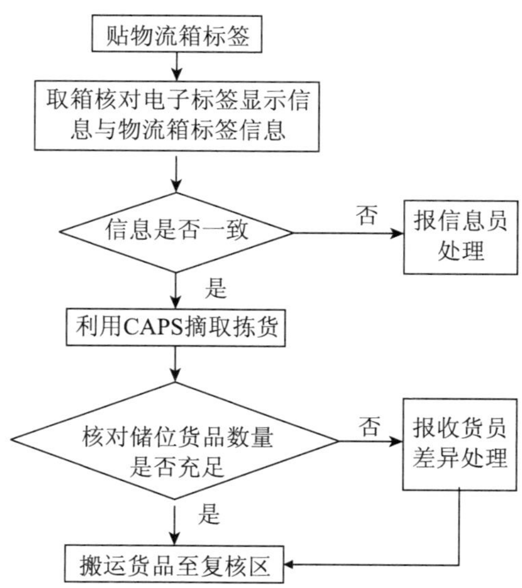

图 4-23　RF 系统摘取式拣货流程

注：CAPS 为电子标签辅助拣货系统的英文缩写。

1）拣货作业准备

（1）人员安排。依据拣货量大小，合理安排拣货人员和搬运人员。

（2）设备和工具准备。拣货过程中，依据货物大小不同、包装方式不同等，选取不同的拣货、搬运设备，常见的有物流箱、液压托盘车、托盘、小推车等，对于 RF 系统半自动拣货，还需要准备 RF 系统终端设备、物流箱标签等。

（3）合理的拣货计划。合理的拣货计划包括合理的拣货路线、拣货顺序、人员分工等。

2）核对与拣取

依据拣货信息，核对已给储位上的货物与实际储位上的货物是否相符合或通过识别条码信息进行确认，若相符合则拣取货物，并检查货物数量是否充足，及时做差异处理。摘取的形式一般有两种，一种是人至物，是指货品静止不动，拣货人员到货品所在的储位拣取，移动的一方是拣取者，这种方式的特点是货品采取静态的储存方式，如托盘货架等；另一种是物至人，移动的一方是货品，拣取者在固定位置内作业，无须去寻找商品的储存位置。这种方式的特点是货品采用动态的储存方式，如自动仓库、旋转货架等。

3）搬运与合计

将每人已拣取的所有货物搬运至出库区域，合计所拣取货物总数量，与拣货单上信息进行确认，若有误差，进行差异处理。

4）拣货完成处理

拣货完成后，需在拣货单上签字确认，并将信息录入信息系统。

2. 播种式拣货作业流程及工作说明

播种式拣货（Digital Assorting System，DAS）是把一定时间段里多张订单集合成一批，并依照种类将货物数量汇总，全部拣选完毕后，再根据每张客户订单进行分货处理的过程。该拣货方式适用于订单批次多、批量小的情况，可以显著提高工作效率，缩短拣选货物时行走搬运的距离，增加单位时间的拣选数量。

播种式拣货作业可以分为拣货作业准备、核对与拣取、搬运与播种、核对与合计以及拣货完成处理五个部分。人工 DAS 拣货作业流程、半自动化拣货作业流程分别如图 4-24、图 4-25 所示。

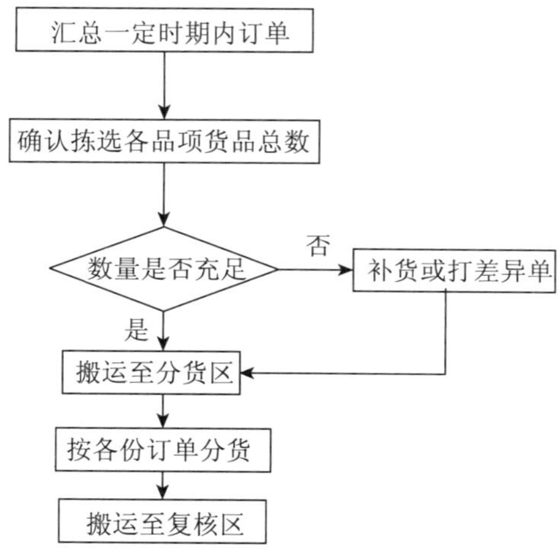

图 4-24　人工 DAS 拣货作业流程

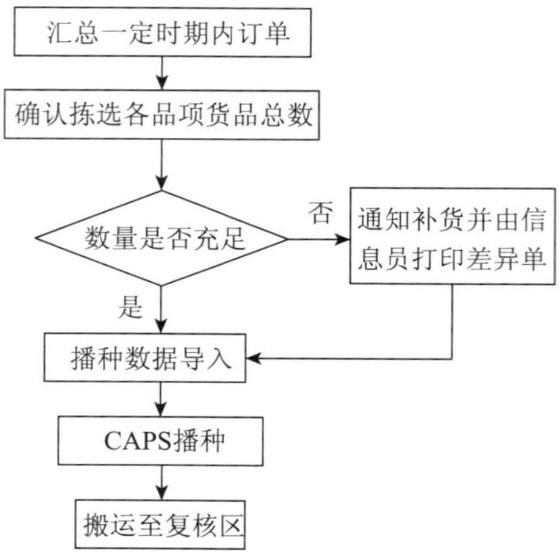

图 4-25　半自动化拣货作业流程

1）拣货作业准备

播种式拣货作业准备，除需掌握多个订单、同类货物的信息外，其他作业准备与摘取式拣货作业准备基本相同，在进行拣货路线规划时更为简单。

2）核对与拣取

播种式拣货作业的核对与拣取过程与摘取式拣货作业的核对与拣取过程的操作方法基本相同，只是摘取式电子标签系统对应的是货位，播种式电子标签对应的是客户或门店。

3）搬运与播种

播种式拣货所拣货物需搬到分货区域按订单进行分货，按订单分货的过程即为播种。

4）核对与合计

拣货播种完成后，按每个客户订单核对货物信息，确保播种过程无误，同时合计订单货物数量，若有差异及时进行差异处理。

5）拣货完成处理

拣货完成后，同样需在拣货单上签字确认，并将信息录入信息系统。

3. 拣货作业示意图

拣货作业示意如图 4-26、图 4-27、图 4-28、图 4-29、图 4-30、图 4-31 所示。

图 4-26　人工拣货

图 4-27　电子标签拣货

图 4-28　电商拣货

图 4-29　播种作业

图 4-30　拣货车

图 4-31　拣货任务清单

4.4.2　拣货作业管理要点

1. 拣货作业管控点

1）充分准备拣货计划

无论是播种式拣货还是摘取式拣货，都要依照拣货信息详细计划拣货作业，包括拣货技巧、合理分工、拣货路线规划、工具选取等，同时严格做好作业规范宣导。

2）严格监督与执行

拣货作业过程中除处理作业人员外，也应有督导人员，既可以作为应急，又能指导作业中的问题，提高效率。同时，作业人员应严格遵循作业规范，明确岗位职责，严格执行作业计划。

3）积极总结

在拣货过程中，尤其在拣货、搬运、播种、合计等方面，出现因操作不当导致返工或直接损失的情况时有发生，对于这些问题应积极总结，找出原因，同时监督人员应积极配合。

4）及时处理

对于发现、总结的问题应及时处理并改进，在总结和改进的过程中不断提高拣货技巧、规范拣货作业流程，既节时、省力又能降低成本。

2. 拣货作业异常处理原则

拣货作业流程中，常在核对与合计过程出现以下差异。

（1）货物数量不足：及时补足。

（2）货物数量多余：及时送回。

（3）货物错拣：错拣货物应及时拿出并送回。

（4）货物破损：及时调换与报备。

4.4.3 拣货作业绩效考核

1. 拣货错误率

拣货错误率是衡量拣货的正确操作水平重要指标，计算公式如下：

拣货错误率=拣货错误次数/拣货总次数×100%

另外，一般人工拣取后没有复核环节的错误率 3.4%；增加复核环节的错误率约 0.34%；采用电子标签拣货系统的错误率约 0.034%。

2. 拣货完成准时率

拣货完成准时率是衡量拣货的服务水平基本指标，其计算公式如下：

拣货完成准时率=拣货在目标时间内完成天数/拣货总次数×100%

注：时间通常以天数计算。

举例：某配送中心全年无休，在6月，有6天没有在规定的时间内完成拣货任务，则其拣货完成天数是30天−6天=24天，则拣货完成准时率=24/30×100%=80%。

4.5　复核作业

复核作业是对按需拣选出来的货物进行核查，以保证所出货品质量、数量等与要求一致的过程，它是出货作业的第一个环节，也是出货作业最基本的环节。

1）复核作业在仓储作业中的地位

拣选作业结束后，拣货员将拣选好的货品搬运至复核区，交由复核员。复核员根据复核单据，对各客户的货品进行复核，确认数量、包装、名称等信息与复核单据上的信息是否一致。对于整件出货的货品，复核员要清点出货件数是否正确，检查货品外包装是否完好，标签粘贴是否正确；对于零散出货的货品，复核员应先按客户清点物流箱数是否正确，然后随机抽取一定数量的物流箱，清点物流箱内货品种类、名称、数量、包装等信息是否正确。

良好的复核作业能及时发现拣选作业中的问题，如货品数量或质量出现问题，通过差异处理，就能降低因为失误所造成的物流成本的提高。

2）复核作业方式

复核作业可以分为人工复核和系统复核。人工复核是指复核员利用检测工具，如磅秤、卷尺等对货品数量和质量进行检验的过程。系统复核是指复核员借助无线射频终端设备，将系统内信息与实际拣选货品信息进行比对的检验过程。

其中，人工复核与系统复核区别之处在于复核员清点货品时，系统复核是运用RF系统通过识别条码核对货品规格、数量、类别等信息，并在RF系统终端设备上确认签字。人工复核一般用于整件出货，系统复核一般用于零散出货。

4.5.1　复核作业流程

1. 复核作业基本流程及工作说明

复核作业基本流程如图4-32所示。

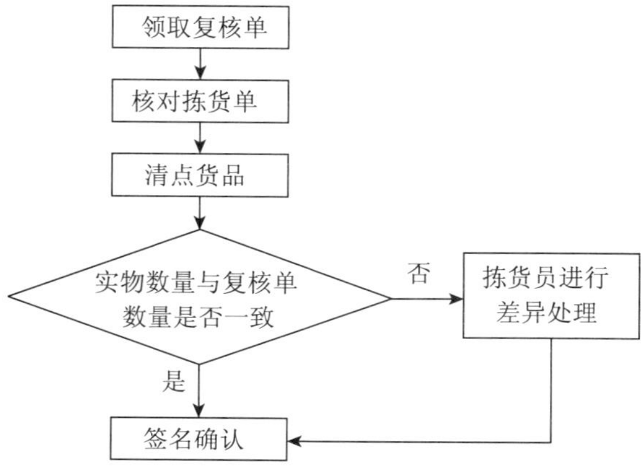

图 4-32 复核作业基本流程

整个复核作业完成的过程主要分为复核作业准备、整箱核对与确认、拆零核对与确认、合计与记录以及复核完成处理五个部分。

1）复核作业准备

接到复核指令后，复核员需做足复核前准备，包括领取复核单、拣货单、准备信息设备、度量设备等，并核对复核单和拣货单信息是否对等，以便能够高效、准确地完成复核作业。

2）整箱核对与确认

整箱核对主要是统计货品种类、箱数、外包装、体积、重量、条码等信息，并与复核单核对，确认实际信息是否与复核单信息一致，并做记录。

3）拆零核对与确认

对于零散拣出的货品，可直接核查其品质、包装，称其重量、量其体积，并用 RF 系统识别条码核对其规格、数量等信息。而对整箱货品，除上述所说整箱核对外，还需拆箱核查，确认货品质量、品类、规格、内包装、数量等是否符合要求，同样记录下来。

4）合计与记录

将整箱和拆零核对记录的信息合并统计，并最终确认核对结果，若实际质量或数量存在差异，将详细差异记录交由信息员、拣货员开具差异单，并做相应处理。

5）复核完成处理

复核完成且确认无误或由信息员、拣货员处理并确认无误后，复核员要在 RF 系统终端设备上确认，并在复核单据签字确认，并将复核单据交回信息部。除此之外，复核员在复核完成时，需在货品上粘贴标签，以便出货员清点核对，同时还需将待出货品进行汇总，以确认客户总数准确无误，避免遗漏或搬运错误。

2. **复核作业示例**

RF 系统复核如图 4-33 所示，复核单据如图 4-34 所示。

图 4-33　RF 系统复核

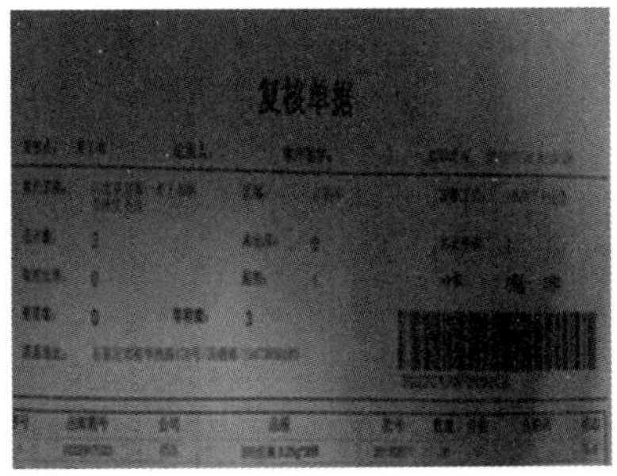

图 4-34　复核单据

4.5.2　复核作业管理要点

1. **复核作业管控点**

1）做好复核计划

复核作业计划不需要太多准备，但易出错。复核前应熟悉复核货物信息，根据复核数量安排人手，并选择合理的复核方法，比如按客户信息复核、按货物种类复核等。

2）严格执行作业规范

复核过程要严格执行作业规范，认真仔细复核，若有需要可安排助手帮忙。

3）总结与分析

复核完成后，要根据每次实际情况总结复核技巧，比如点货技巧等，分析复核过程中存在的问题。

4）处理问题

根据自身分析和总结，及时改进复核技巧，把控自身复核存在的问题，避免下次再犯。

2. **复核作业异常处理**

复核过程中，常出现的异常及处理如下。

（1）货品数量不一致：及时通知仓管员/拣货员予以补充或剔除，对于多出的货品，剔除后及时放回原库位。

（2）货品质量有问题：更换货品或更换外包装。

4.5.3 复核作业绩效考核

1. 复核正确率

复核正确率是衡量复核的正确操作情况重要指标，其计算公式如下：

复核正确率=复核正确数量/复核总数量×100%

注：可以是数量，可以是品种，可以是订单数，也可以是金额。

2. 复核完成准时率

复核完成准时率是衡量复核的服务水平基本指标，计算公式如下：

复核完成准时率=复核在目标时间内完成天数/复核总天数×100%

4.6 退货作业

退货作业是指仓库按订单或者合同将货物发出后，客户由于货品品质、数量超交等原因将货品退回仓库而引发的物流活动的总称，其作业包括配送部的收退作业、仓储部的退货处理等作业。而本节所讲述仓储作业中的退货作业即仓储部的退货接收并分类处理的过程。

4.6.1 退货作业流程

1. 退货作业流程及工作说明

在仓储作业中，仓储部接到退货通知后，需安排人员清点退货并予以接收，然后对退货进行分类处理并记录，若有质量问题需告知供应方，并做退仓处理，退货作业基本流程如图 4-35 所示。

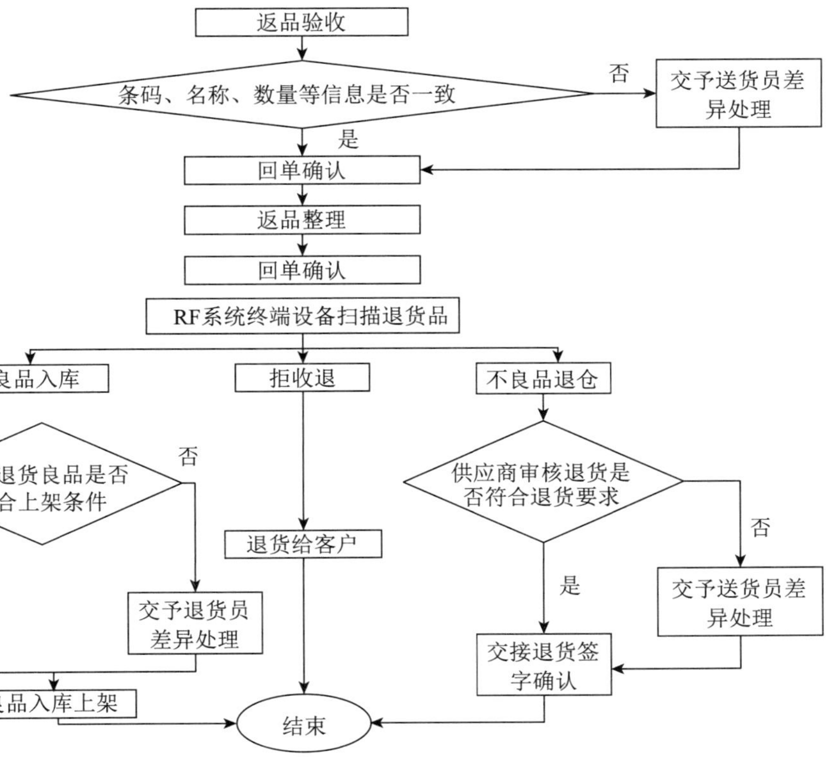

图 4-35 退货作业基本流程

仓储作业中退货作业主要包含五个部分，即收退作业准备、收退对点与签收、退货整理与登录、退仓作业处理、退货完成处理。

1）收退作业准备

仓储部接到退货通知后，需及时将信息反馈给供货方，同时告知退货品仓退货货品名称、数量、规格、退货原因、货号等信息，以便合理安排收货人员进行对点、接收等作业。

2）收退对点与签收

退货收货员根据配送员带回来的退货单核对退货名称、数量、规格、保质期等信息，若实际货品与退货单信息不一致，找配送员进行差异处理；若信息一致或处理后保持一致则在退货单上签字予以接收。

3）退货整理与登录

退货整理员将退货收货员验收好的货品按照供应商、生产日期、货品的状态分类整理，并用 RF 系统终端设备或人工做退货登记。

一般整理过程中常见有以下三类情况。

（1）货品质量等良好货品退货，且符合退货条件，则交由仓管员验收，仓管员核对货品名称、数量、规格、保质期等信息无误后，用 RF 系统终端设备扫描，并根据 RF 系统终端设备提示信息，将货品放入指定货位。

（2）不符合条件退货，退货整理员整理后由配送员带给客户并附带拒收退货原因说明。

（3）品质不良货品退货，则移交供应方，做退仓处理。

4）退仓作业处理

该退仓作业处理主要是针对不良或残次品货物的处理。退货整理员整理出的不良货品退货，需及时告知供应方，供应方审核退货，若发现不符合退货条件的交由退货部差异处理；符合退货条件的货品退回供应商处理。退仓作业处理基本流程如图 4-36 所示。

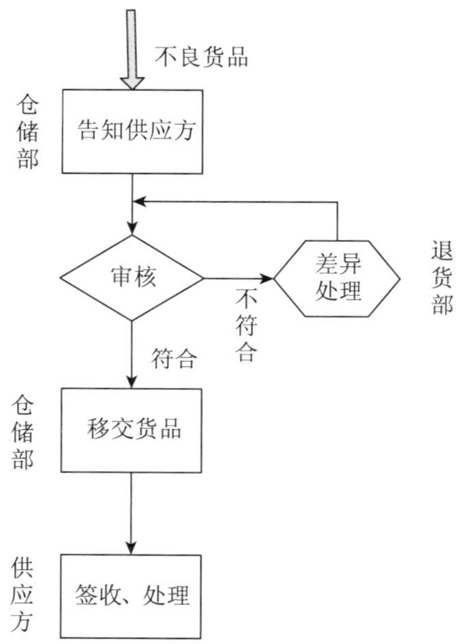

图 4-36　退仓作业处理基本流程

5）退货完成处理

退货处理完成后，仓储部应将退货处理表交给供应商以及财务部门，并在信息系统中登记，以便供应商和财务部做退货订单处理。

某食品有限公司仓库退货作业工作说明书如表 4-6 所示。

表 4-6　　　　　　　　某食品有限公司仓库退货作业工作说明书

序号	工作步骤	工作说明	相关图表
1	退货通知	配送部依据退货货品的种类和数量决定是否事先通知仓储部，以便仓储部安排人员接受货物（量多通知，量少不通知）	退货通知单
2	核对退货货品	（1）仓储部仓管员与配送部配送员共同核实退货品种及数量； （2）在仓库出具的《退货明细表》上以最终收货量签字确认； （3）若数量上有异常则由配送人员通知该客户洽接业务员，仓储部只接受实收货物数量	退货明细表
3	退货整理与安置	（1）仓储部整理退货情况，并填写《退货处理表》； （2）告知质检中心仓库有退货需要质检，并将《退货处理表》交给质检中心； （3）将所退货物暂存退货品库	退货处理表
4	退货处理	依据质检中心出具的退货处理建议表，做如下退货处理： （1）报废产品直接做报废退仓处理； （2）返工产品返工后可做二次销售的再次入仓储成品库； （3）不符合报废和销售条件的残次品入仓储次品库	退货处理建议表

2. 退货作业示意图

退货单样板如图 4-37 所示，客户退货处理单如图 4-38 所示。

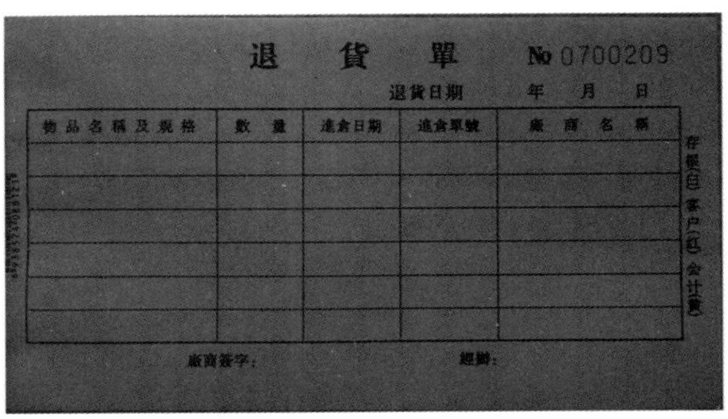

图 4-37　退货单样板

××××××××××××有限公司

客 户 退 货 处 理 单

退货批准

退货类型：□客户使用不合格退货产品 □客户进货检验批量退货产品 □客户委托返工维修 □错发货产品

客户名称： 退货单号： 订单号：

要求补货：□ 是 要求补货日期： 补货方式：□公司承担费用 □客户承担费用
□ 否 退货品处理方式：□退款 □其它

退货批的相关信息：

No.	型号	产品规格	不良现象	退货原因	数量	业务员确认
1						
2						
3						
4						

业务部批准：

退货接收

日期

收货信息确认：（对应上述市场部填写表格中的内容）

No.	产品型号	实收数量	差异数	No.	产品型号	实收数量	差异数
1				2			
3				4			

核准： 仓管：

退货分析处理

1\. 退货确认及处理（可附页）：

No.	型号	不良现象	数量	不良原因
1				
2				
3				
4				

2\. 是否开启《纠正和预防措施表》：□是 □否 表单号________

核准： 品管：

返工安排

返工计划/返工流程（可附页）：

核准： PE：

返工结果

1\. 返工结果统计：

No.	产品型号	返工数量	耗费工时	No.	产品型号	返工数量	耗费工时
1				2			
3				4			

2\. 拆机报损物料：□ 否 □ 是：见生产报废单（附页）
3\. 补货申请物料：□ 否 □ 是：见生产补料单（附页）
4\. 拆机物料 □ 否 □ 是：见生产退料单（附页）

核准： 生管：

最终结果

1\. 返工成品处理：□ 已出货（出货日期： ） □ 暂存未处理
2\. 拆机物料处理：□ 已使用（使用日期： ） □ 暂存未处理

核准： 品管：

图 4-38 客户退货处理单

4.6.2 退货作业管理要点

1. 退货作业管控点

1） 作业计划

退货作业计划的制订要依据准确的退货信息合理安排核点、搬运、退货作业人员以及搬运工具，退货作业计划的合理性直接关系作业成本和效率。

2） 执行计划

除严格执行退货作业规范外，作业人员对于制订的退货作业计划要认真对待，严格执行。

3） 监督与总结

退货作业过程需要监督人员协助处理核点、搬运、信息等，除此之外，监督人员应及时指出操作过程中存在的问题，督促作业人员进行总结。

4） 处理与改进

对于作业中存在的问题作业人员应及时处理，同时总结经验，不断完善个人技能。

2. 退货作业差异处理

退货作业常见差异在对点环节。

（1）数量多差：退回。

（2）数量少差：追回或赔偿。

4.6.3 退货作业绩效考核

1. 收退正确率

收退正确率是衡量收退正确操作水平的重要指标，公式如下：

收退正确率=收退正确数量/收退总数量×100%

注：数量可以是品种数量、货物数量、订单数量或货物金额。

2. 收退准时率

收退准时率是衡量收退服务水平的重要指标，公式如下：

收退准时率=收退准时次数/收退总次数×100%

注：门店收退一般会要求在指定时间内完成。

3. 退货率

退货率是衡量退货严重程度的重要指标，公式如下：

退货率=退货总数量/销售总数量×100%

注：数量可以是箱数，也可以是金额。

4.7 盘点作业

4.7.1 盘点作业流程

盘点是为了避免出现账、物不符的情况，对库存货物进行定期、不定期地盘点或清查。对盘点中发现的问题要进行分析，进而查明账、物差异的原因，并调整账面数量使账物相符，最终获得准确的库存信息。

盘点是仓储作业的一项重要管理工作。通过盘点可以核对系统库存数量与实物数量是否一致，检查货物状态是否正常，从而保证库存货物质量良好、数量正确，为库存分配、补货、发货等作业提供良好的作业基础。

盘点作业用到的设备包括测量工具和核对工具。测量工具包括磅秤、皮尺等；核对工具目前应用较广泛的是 RF 系统终端设备。

1. 盘点作业流程及工作说明

1）作业流程

盘点作业方法主要有两种：表单盘点和 RF 系统终端设备盘点。表单盘点是比较传统的方法，盘点的依据是盘存单。RF 系统终端设备盘点是相对先进的方法，盘点依据是 RF 系统终端设备显示的货物信息。

（1）表单盘点。表单盘点作业流程如图 4-39 所示。

（2）RF 系统终端设备盘点。RF 系统终端设备盘点作业流程如图 4-40 所示。

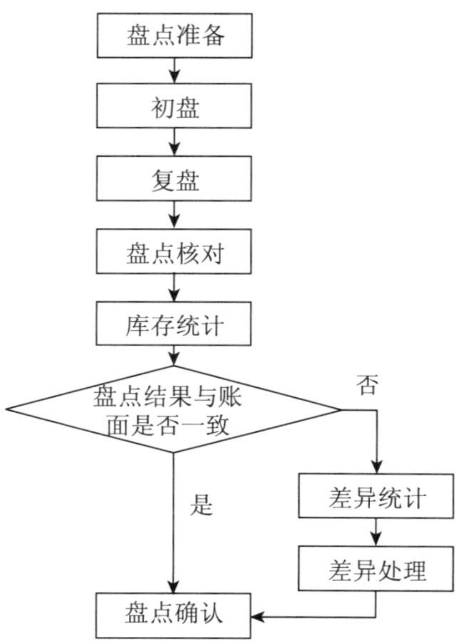

图 4-39　表单盘点作业流程

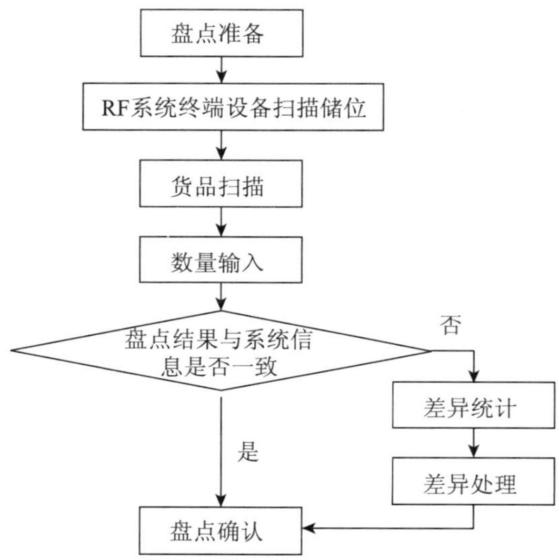

图 4-40　RF 系统终端设备盘点作业流程

2）工作说明

对于盘点作业而言，无论是何种盘点方式，盘点作业都可以被分为四个部分，即盘点作业准备、盘点作业处理、盘点差异处理和盘点完成处理。

（1）表单盘点。

①盘点作业准备。

a. 制订盘点计划：包括盘点程序和方法，确定盘点时间、区域、人员、工具等；

b. 安排盘点人员：合理安排初盘记录人员、复盘录入人员、点数人员等，初盘和复盘人员可两人一组进行编排，复盘人员中应有原初盘人员中的一名；

c. 盘存单打印准备；

d. 仓库清理。

②盘点作业处理。

a. 由初盘人员先清点各自所负责区域的货物，将清点结果用蓝色笔填入盘点表相应栏位，并将盘点表转交给复盘人员；

b. 复盘人员复盘，并将复盘结果用红色笔填入盘点表的相应栏位；

c. 由第三人核对盘存单，检查初盘、复盘记录是否相同且正确；

d. 盘点表交仓库统计员，并由其合计货物库存总量。

③盘点差异处理。核对盘点结果与账面信息，账面数量小于实际数量时则盘盈。若有盘盈或盘亏情况，须填写货物损溢报告单、货物残损变质报告单，经审核无误后盘点人员与仓管员共同签字，并制作盘点盈亏明细表。

④盘点完成处理。盘点完成后，编制货物盘点分析表，并将盘点盈亏明细表交予仓库负责人与财务负责人。

（2）RF 系统终端设备盘点。

①盘点作业准备。除制订盘点计划、安排盘点人员、清理仓库等准备外，还应在系统中生成盘点单号，录入盘点计划，同时盘点人员在 RF 系统终端设备上输入盘点单号，获取盘点任务。

②盘点作业处理。初盘和复盘人员扫描要盘点的储位条码、货物条码，同一货物只需扫描一次，输入该货物经清点后所确认的数量。仓库统计员在系统中查询盘点情况，合计货物库存总量。

③盘点差异处理。核对盘点结果与账面信息，若存在盘点盈亏，则按与表单盘点相同的方法进行差异处理。

④盘点完成处理。盘点完成后，编制货物盘点分析表，并将盘点盈亏明细表交予仓库负责人与财务负责人。

2. 盘点作业示意图

存货盘点表和盘点现场分别如图 4-41、图 4-42 所示。

存货盘点表

单位名称： 编制：

合计期间或截止日： 复核： 日期：

序号	存货名称	计量单位	截止日账面库存数量	单价	截止日账面金额	实际盘点数量	单价	实际盘点金额	盘盈或盘亏金额	调整后资产	备注
1											
2											
3											
4											
5											
6											
7											
8											
9											
10											
11											
12											
13											
14											
15											
合计											
企业参与盘点人员签名：								盘点日期：			

图 4-41 存货盘点表

图 4-42 盘点现场

4.7.2 盘点作业管理要点

1. 盘点作业管控点

1）作业计划

盘点往往是工作量较大的一项作业，在作业过程中盘点顺序、人员安排、盘点表发放、盘点合计、差异处理等都要进行严格的计划，既要防止重复作业，也要防止少盘点。

2）计划执行

盘点人员要严格执行盘点作业流程，明确盘点计划，使盘点作业有序、高效进行。

3）核查

相关人员应积极核查盘点中存在的问题，总结自身不足。

4）积极处理

相关人员要积极处理盘点中存在的问题，针对自身不足多加练习。

2. 盘点作业差异处理

核对中差异处理如下。

（1）数量多差：调整与退仓。

（2）数量少差：调整与赔偿。

4.7.3 盘点作业绩效考核

1. 盘点正确率

盘点正确率是衡量盘点操作水平的重要指标，计算公式如下：

$$盘点正确率=1-（盘点错误数/盘点总数\times100\%）$$

注：错误数可以是笔数、箱数、件数或金额。

2. 盘点准时率

盘点准时率是衡量盘点服务水平的基本指标，计算公式如下：

$$盘点准时率=1-（盘点超时时数/盘点预计总时数\times100\%）$$

4.8 小结

本章主要从进货作业、入库作业、补货作业、拣货作业、复核作业、退货作业、盘点作业七大作业环节对仓储作业进行了详细介绍，其中，每个作业环节分别介绍了作业流程与工作说明、作业管控点与异常处理原则、作业绩效考核指标及计算方法。本章是全书的核心章，并且结合实际作业操作加入了图例或案例描述，使其更具实践性。

单元 5　配送作业

学习目标

通过学习本单元，你应该能够：

1. 了解配送作业所包含的主要作业环节
2. 了解配送作业基本概念
3. 理解配送作业基本作业流程
4. 了解配送作业基本工作说明
5. 理解配送作业管控点
6. 掌握配送作业异常处理原则
7. 理解配送作业绩效考核指标及计算方法

5.1 装车作业

装车作业主要可分为点货作业和上车作业两大过程。

点货作业是货品配送上车前，按照客户订单进行清点、核对数量的过程，确保配送至各客户的货品名称和数量正确。出货员领取出货凭证后需与配送员提供的装车单仔细核对，确保单证上的货品名称、规格、数量、价格等信息一致，避免装错货品、来回搬运造成不必要的资源浪费。如果单证信息不一致，就应拒绝点货装车，由信息员处理差异后方可继续操作。

上车作业的质量高低决定着货品的运输质量，良好的装车作业能极大地降低货品运输中的破损率，提高物流服务质量和客户满意度。

5.1.1 装车作业流程

1. 装车作业流程及工作说明

1）点货作业流程

点货作业强调出库货品名称、数量的确认，点货作业流程如图 5-1 所示。

2）上车作业流程

出货员清点好货品后，将货品搬运至指定的出库月台，并根据装车单上排好的配送顺序，装货上车，并在不同客户的货品之间做区别标识。上车作业流程如图 5-2 所示。

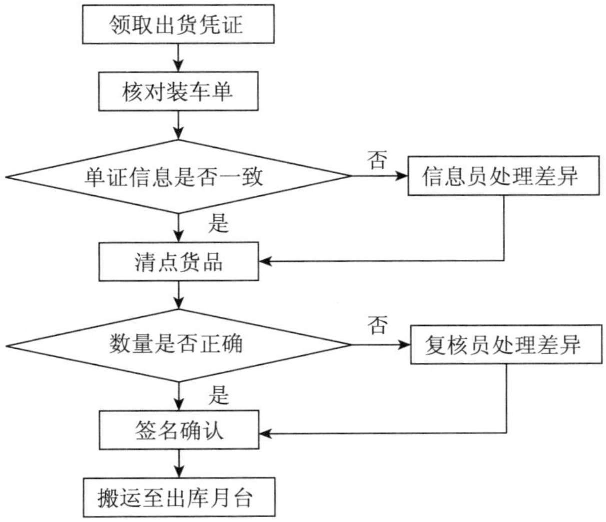

图 5-1　点货作业流程

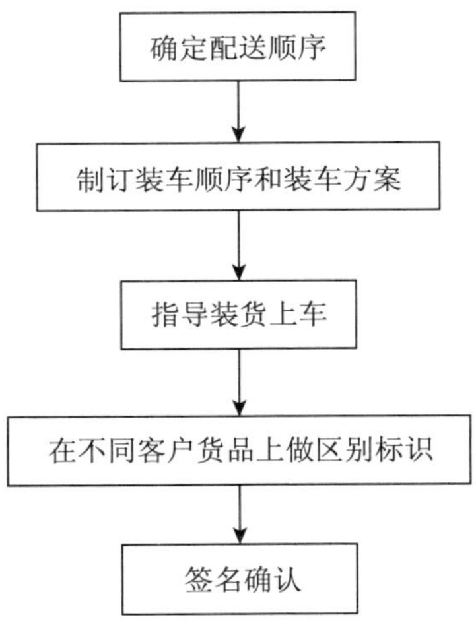

图 5-2　上车作业流程

3）装车作业工作说明

在实际作业中，装车作业除包含点货和上车两个重要作业环节外，还包含装车前准备、单据签收等作业环节，细分下来可以将整个装车作业过程概括为五部分，即装车作业准备、点货上车处理、装车分类处理、单据签收处理、装车完成处理。

（1）装车作业准备。装车作业准备主要包括货物准备、清单准备、设备准备、车辆准备等几个方面。

①货物准备。所有要装车货物需按照发货单号，统一粘贴标签到货物外包装统一位置，并标明包装及装运实际数量。除此之外，还需统计每票货物体积、重量、配货顺序

等，做到合理配载，即确保不超载且安全的情况下装载率最大化。

②清单准备。信息员依据提货单或发货通知单或信息系统内相关文件等制作发货单、发货清单作为装车依据。

③设备准备。装车作业涉及的设备主要有两类：一类为检测重量或数量的设备；另一类为搬运设备。数量或重量检测设备用于检查核对货品数量或重量的准确性，常用的设备是磅秤、台秤、卷尺等；搬运设备用于将核对无误的货品搬运至出库月台装车，常用的搬运设备为叉车。

④车辆准备。装车前，应根据要配送货物形状、总体积、重量、运输距离等确认车辆车型，并由司机检查车况，保证安全可靠。

⑤其他准备。除上述准备外，还应根据实际情况安排出货位置，做到合理安全，并准备好录入系统，确保不漏票。

（2）点货上车处理。点货上车处理作业主要包含核对发货清单、清点货品、搬运货物至月台、装货上车几个环节。

①核对发货清单。出货员核对配送员提供的装车单与出货凭证上货品名称、数量、规格、价格等信息是否一致，若信息不一致则拒绝装车，交信息员处理差异后方可继续操作。

②清点货品。出货员根据出货凭证（出货单）和发货清单清点货品，核对货品实物与出货信息是否一致，若信息不一致，交复核员处理差异。确认无误后，出货员可在货物上做标记，同时在出货凭证上签名并注明待出货位置。

③搬运货物至月台。出货员将清点完成的货品搬运至预先设定的出库月台，进行上车作业。

④装货上车。出货员依据货品配送顺序，并按照“后配先装”等装车基本原则制订装车方案后，指导和监督配送人员将货物装车，配运员每装好一个客户的全部货品，需在货品上做明显的标识，以便卸货。

（3）装车分类处理。装车时，由于货物大小、轻重、长短、配送顺序、车型等各不相同，为了有效利用空间，防止货物因挤压、碰撞等造成损失，需依据装车基本原则分类处理，确定装车顺序，并制订装车方案。

（4）单据签收处理。装车过程中，仓库出货员需要处理的单证有发货通知单、出库单、发货清单、货物资料卡、货物异常报告等。装车过程中单据流转如图 5-3 所示。

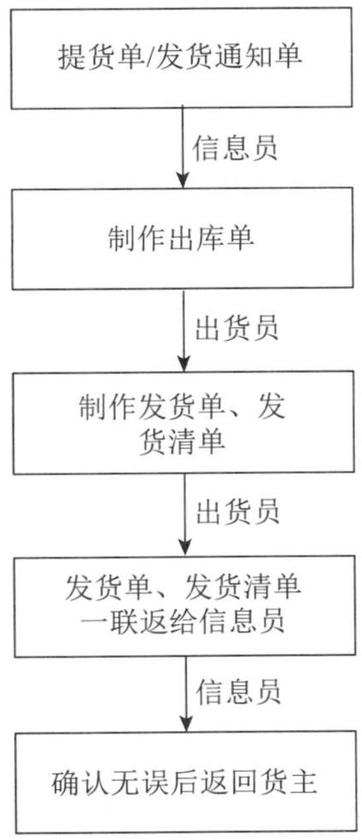

图 5-3　装车过程中单据流转

（5）装车完成处理。装车完成后，需检查有无超载、超限现象，以及装载是否平稳、捆绑是否牢固、施封是否符合要求等，将核对无误的发货单、发货清单交给信息员，以便信息员录入系统，并签字盖章返给客户。

2. 装车作业相关示意图

装车作业和装车清单分别如图 5-4、图 5-5 所示。

图 5-4　装车作业

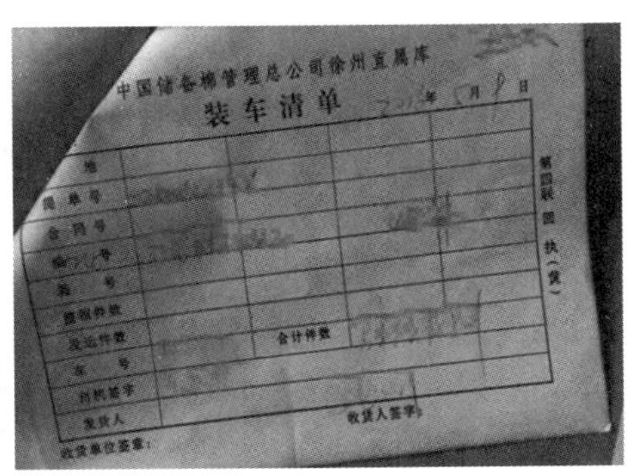

图 5-5　装车清单

5.1.2 装车作业管理要点

1. 装车作业管控点

1）装车计划

装车前，依据发车清单上详细信息安排搬运工具、搬运人员，做好人员分工工作，计划好装载顺序，保证装载率，同时规范作业流程。装车计划的制订是装车作业有效、经济、精确执行的基础。

2）严格执行

严格执行装车计划以及作业规范，设置专门督导人员，提高工作效率，保证作业安全。

3）积极总结

总结是为了使作业技能等更好地得到提升，总结应具体到不熟或者不懂作业环节，督导人员有义务督促。

4）问题处理

针对总结的问题进行梳理，选取合理的学习方法进行提升。同时在作业中遇到的问题可直接向督导员请教。

2. 装车作业差异处理

装车作业常见差异处理多发生在点货环节。

（1）货物多出：应通知相关人员，操作退还，并放回原储位。

（2）货物缺少：通知相关人员确认，并立即进行补充。

5.1.3 装车作业绩效考核

1. 车辆装载率

车辆装载率是衡量车辆使用效率的基本指标，计算公式如下：

车辆装载率=车辆实际装载量/车辆最大的装载量×100%

注：装载量是指装载体积或装载的重量。

2. 装车货损率

装车货损率是衡量装车正常操作水平重要指标之一，计算公式如下：

装车货损率 = 装车时发生货损金额/该车的总货物金额×100%

3. 装车漏装率

装车漏装率是衡量装车作业正常操作水平重要指标之一，计算公式如下：

装车漏装率 = 装车漏装箱数/该车应装的总箱数×100%

5.2 配送作业

5.2.1 配送作业流程

配送作业是用车辆将货品逐次安全送达客户手中的过程。配送要严格依据排程的顺序进行，如有特殊情况，配送员应及时向总部反馈消息并做适时处理。

1. 配送作业流程及工作说明

配送作业主要环节为送货、卸货和签收，配送作业基本流程如图 5-6 所示。

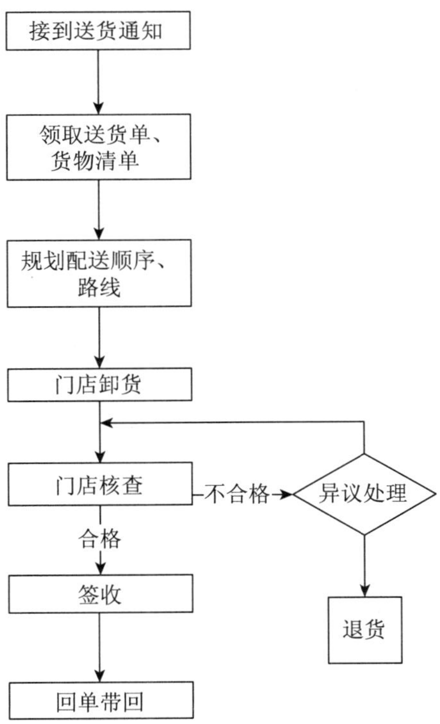

图 5-6 配送作业基本流程

本章节将整个配送作业划分为五大部分，分别为配送作业准备、路线变更处理、门店卸货处理、门店交货处理、配送完成处理。

1）配送作业准备

为实现配送作业的时效性、便利性、经济性、可靠性，在配送作业开始前要合理调拨司机，并提前取得配送单和货物清单，获得详细配送信息，以便做出合理的配送计划。

（1）人员调配。人员调配主要是配送员或司机的调配，要调配对该配送区域相对熟悉的配送员，从而可以做出更合理的规划，提高配送的时效，一般企业会针对配送员的不同情况，提前做好配送区域划分。

（2）信息准备。配送员应依据配送单、货物清单以及配送通知等详细了解配送的货物名称、配送数量，以及客户收货时间、收货地址和其他要求等。

（3）配送路线规划。配送员应结合送货时间、交通状况、客户收货具体位置等信息，合理规划配送距离短、配送时间短、配送成本低的路线，可借助信息或移动设备以及系统分析规划方法并确认配送顺序。

2）路线变更处理

在送货的过程中，由于各种原因往往需要临时变更路线，送货员应认真对待，积极合理采取措施，以提高服务水平。

3）门店卸货处理

货物送达要货门店之后，应根据门店位置情况和接收人的指导合理停靠车辆，依据送货单确认要送的货物，并协助收货人将货物从车上卸下并放到指定位置。

4）门店交货处理

货物卸下后，配送员与收货人一起清点货物，检查货品包装、数量、质量等，若确认无误，收货人在回单上签字确认签收；若因质量、数量等问题需退货、换货的则进行收退作业。在交货签收的过程中，需要注意以下事项。

（1）签收地址要与送货单上送货地址保持一致。

（2）签收人必须要与合同中指定的一致。

（3）若地址、签收人有改变的，收货人需出具有公司公章的变更说明，代签人还应留下身份证号码等信息。

5）配送完成处理

配送完成后，配送员需将客户已经签收的回单全部带回并交于信息员。退、换货客户应完成手续办理，并通知信息员将退换的货物如数带回。

2. **配送作业示例**

送货单三联如图 5-7 所示，配送厢车如图 5-8 所示，生鲜配送如图 5-9 所示。

送 货 单

年　　月　　日

客户名称：　　　　　　　　　　　　　　　　合同编号：

发往地址：　　　　　　　　　　　　　　　　联系人电话：

序号	商品名称/型号	数量/单位	单价	金额							
				拾	万	仟	佰	拾	元	角	分
1											
2											
3											
4											
5											
6											
合计	拾　万　仟　佰　拾　元　角　分										

销售员：　　　　审核人：　　　　制单：　　　　收货人：

第一联：仓库（白）　　第二联：客户（红）　　第三联：市场（黄）

图 5-7　送货单三联

图 5-8　配送厢车

图 5-9　生鲜配送

5.2.2　配送作业管理要点

1. **配送作业管控点**

1）配送作业计划

配送作业计划的制订是保障配送作业高效、顺利进行的前提，包括人员的调配、路线的规划、配送时间的掌控等。

2）严格执行

配送过程中相关人员应严格执行作业规范、配送作业计划，积极主动完成。

3）积极总结

配送员等作业人员应及时总结配送过程中遇到的问题。

4）及时处理

对配送过程中遇到的问题，应及时联系相关人员积极处理，对自身存在的问题积极向他人请教，使操作更为娴熟。

2. 配送作业差异处理

配送作业差异多发生在交货环节。

（1）交货多差：及时核对，核实后带回。

（2）交货少差：核实后，应将配送信息删除，并要求索赔，在客户协议同意的情况下及时补发。

5.2.3 配送作业绩效考核

1. 配送正确率

配送正确率是衡量配送服务水平的重要指标之一，计算公式如下：

配送正确率＝配送正确笔数/配送总笔数×100%

2. 配送准时率

配送准时率是衡量配送服务水平的重要指标之一，准时到货是指比预定时间早于30分钟或晚于30分钟，计算公式如下：

配送准时率＝实际准时到货次数/总到货次数×100%

3. 配送服务满意度

配送服务可以分为五个等级：非常满意、满意、可接受、不满意、非常不满意，可以分为0~100分，非常不满意得0分，非常满意得100分。配送服务满意度是从客户评价中得分，计算公式如下：

配送服务满意度＝全部得分数/客户数

举例：有A、B、C、D、E、F、G、H、I、J、K、L、M、N、O这15个客户，其对应的分值分别为90、80、70、60、50、70、80、90、50、90、80、70、60、50、60。则客户满意度＝1050/15＝70（分）。

注：客户的满意度是70分，如果公司的要求是85分，那就必须积极改善。

4. 车祸肇事率

车祸肇事率是衡量配送人员安全驾驶水平的基本指标，计算公式如下：

车祸肇事率=车祸肇事次数/总配送次数×100%

5.3 收退作业

5.3.1 收退作业流程

收退作业是退货作业的第一个环节。收退作业是指经过一系列清点、核对、检查等程序，配送员将客户退货品和相关单据带回配送中心的过程。

收退作业是逆向物流的一部分。将退货品正确、安全地运回配送中心，是仓储业务和物流服务的重要组成部分。收退作业的质量不仅影响着客户服务满意度，还关系着物流企业本身物流成本和效益的高低。

1. 作业设备

收退作业涉及的设备包括搬运设备（如手推车）和包装容器（如物流箱）。

2. 作业流程

收退作业是指当客户因某些原因提出退、换货需求时，配送员当场检验、清点要退换的货物，办理完手续后将货品装车带回仓库完成交接的过程。收退作业流程如图 5-10 所示。

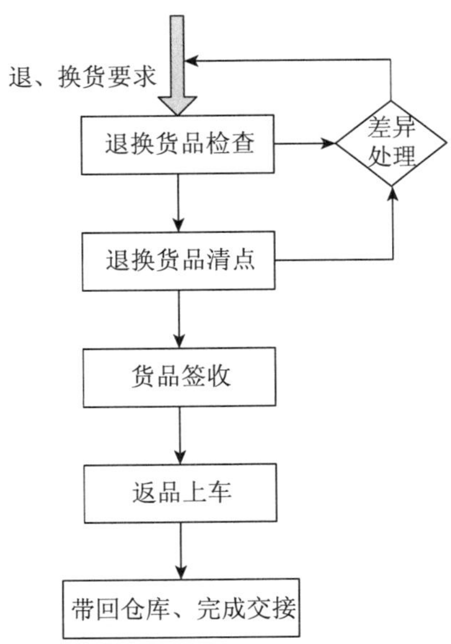

图 5-10 收退作业流程

3. 作业说明

将收退作业的工作内容进行划分，可分为四方面内容，即收退货作业准备、退货点收签字、退货上车处理、收退完成处理。

（1）收退货作业准备。收退货作业前期需了解退换货品信息，合理安排人员和设备。

①人员安排。根据退换货要求发出的方式以及所退货物数量、形状等不同，可安排专门收退人员收货或送货员顺带收货，大多数情况下为送货员顺便收货带回。

②设备准备。收退作业涉及的设备包括搬运设备（如手推车）、包装容器（如物流箱）以及运输车辆等。

（2）退货点收签字。退货点收过程可分为两个部分，一是收货员初步检查客户退回的货品是否符合配送中心退货规定，如保质期、外包装等；二是收货员对符合退货要求的货品依照退货单，检查货品名称、数量、规格是否与退货单信息一致。若不一致，拒绝接受退货。经双方确认货品无误后，收货员在退货单上签名确认。

（3）退货上车处理。收货员将所收退回货品进行简单包装处理，并分别在退回货品上做简单标识，搬运上车，以方便识别不同客户退回的货品。

（4）收退完成处理。收退完成后，收货员需将退货单、货物带回仓库或配送中心，并与仓储部完成货物交接，提交退货单。

5.3.2 收退作业管理要点

1. 收退作业管控点

1）收退作业计划

收退作业计划是保证退货作业顺利进行的前提，是在充分了解退货信息的情况下制订的，包括人员调配、车辆准备、路线规划等，其合理制订有利于提高作业效率、降低作业成本。

2）严格执行

除特殊情况外收退员应严格执行收退作业计划，同时遵循公司标准作业流程。

3）发现不足并核查问题

在收退作业过程中，作业人员应积极探索路线规划、操作娴熟性等作业问题。

4）问题改进

对于发现的问题应积极改善，提升作业水平。

2. 收退作业差异处理

收退作业差异主要发生在点收阶段。

（1）点收多差：核实后及时退还。

（2）点收少差：核实并修改退货单信息。

5.3.3 收退作业绩效考核

1. 收退正确率

收退正确率是衡量收退正确操作水平的重要指标之一，计算公式如下：

收退正确率＝1-（收退错误数/总收退数×100%）

注：错误数可以指错误笔数，也可以指错误金额。

2. 收退准时率

收退准时率是衡量收退服务水平的重要指标之一，计算公式如下：

收退准时率＝1-（收退延迟笔数/总收退笔数×100%）

5.4 小结

本章主要介绍配送作业中三个重要作业环节，即装车作业环节、配送作业环节和收退作业环节。针对每个作业环节，本章节在作业概念、作业流程、工作说明、作业管控点、作业异常处理原则以及作业绩效考核指标和计算方法等内容上做了详细介绍，同时针对不同的作业环节配备示例或图表，从而完成了对配送作业实务的介绍。

单元1 概 述	单元2 仓储与配送组成要素	单元3 仓库布局及物流设施	单元4 仓储作业
单元5 配送作业	**单元6 信息处理**	单元7 物流安全管理	单元8 物流信息系统与智能化

单元6 信息处理

学习目标

通过学习本单元，你应该能够：

1. 了解信息处理过程所包含的作业环节
2. 了解信息处理基本概念
3. 了解信息处理基本作业流程及工作说明
4. 理解信息处理作业管控点
5. 掌握信息处理作业异常处理原则
6. 理解信息处理作业绩效考核指标及计算方法

6.1 接单作业

6.1.1 接单作业流程

接单作业是客户向配送中心提出配送需求，配送中心接受订单并承诺提供配送服务的过程。在此过程中，信息的传递非常重要，涉及拣货计划、流通加工和配送车辆安排以及配送费用的核算。以零售连锁店为例，接单作业的具体过程是各门店根据自己的实际货物需求情况向总部提出要货申请，总部汇总信息后生成要货订单，然后将要货订单和库存分配信息传送到配送中心。

在仓储作业中，拣货作业的主流程从接单作业开始，接单作业后生成的拣货计划是拣货人员的作业依据，所以，接单作业的质量好坏影响着后续作业能否顺利进行。接单作业是对现有库存水平的确认并起库存管理的作用。

1. 接单作业流程及工作说明

1）作业流程

接单作业是接到订货信息后，审核订货信息并生成要货订单，同时发送给配送中心的过程，接单作业流程如图 6-1 所示（以零售连锁店为例）。

2）工作说明

接单作业整个工作过程可以从接单作业准备、数据接收核对、单据打印处理、接单完成处理四个方面进行阐述。

（1）接单作业准备。接单作业主要是信息汇总、核对以及传递的过程。接单作业前要准备好信息操作系统、人员调配等。

①信息操作系统。目前，订单的生成以及后续信息的传递基本上都在信息操作系统上

完成，所以接单前应保证信息操作系统正常运行。

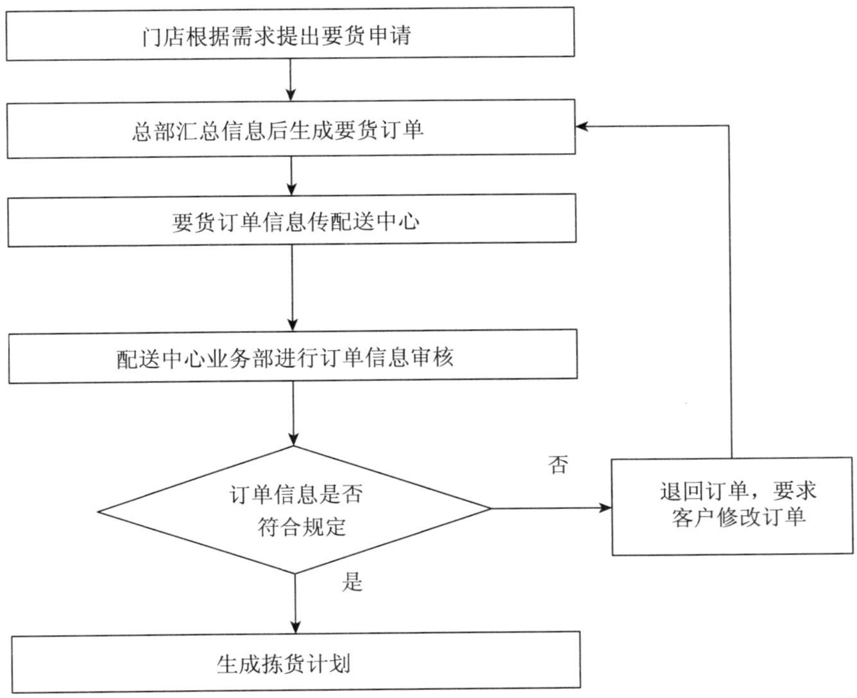

图 6-1　接单作业流程

②人员调配。接单作业主要涉及信息接收员、信息操作员、审核员等。

③其他准备。接单过程还需准备通信设备、打印设备、电脑、已有格式的相关单据等。

（2）数据接收核对。业务部或总部接到订货信息后，应及时和客户核对数据，并依据核实的信息汇总生成要货订单、发货通知单。需要核对的信息包括货物名称、数量、规格、体积、重量、包装，以及要货时间、门店地址、有无特殊要求等。

（3）单据打印处理。生成要货订单、发货通知单后，应将这两种单据打印出来，并确认签字。

（4）接单完成处理。在接单完成环节，应将已签名确认的要货订单、发货通知单发送给配送中心，并在信息系统中登记。

2. 接单作业示意图

发货通知单如图 6-2 所示，发货清单如图 6-3 所示，电话接单如图 6-4 所示。

发 货 通 知 单

编号 ____________

客户名称 ____________

地　　址 ____________

____

订单号码	
交货日期	
口一次交货	口分批交货

第二节记账用

产品名称	产品编号	数量	单价	金额
总价：				

仓库　　　　主管　　　　核准　　　　填单

图 6-2　发货通知单

××公司发货清单

客户：××××　　　　发货日期：××××年×月×日

序号	名称/型号	产品规格（长×宽×高）（毫米×毫米×毫米）	产品数量	包装部件名称	包装规格（毫米×毫米×毫米）	包装数量（件）	包装体积（立方米）	包装重量（千克）	备注
1	椅 B1	500×600×600	80	整套	550×650×250	80	0.09	15	
2	椅 B2	500×600×650	80	整套	550×650×300	80	0.11	17	
3	椅 B3	500×600×700	80	整套	550×650×350	80	0.13	19	
4	椅 B4	500×600×750	80	整套	550×650×253	80	0.09	21	
5	椅 B5	500×600×800	80	整套	550×650×254	80	0.09	23	
6	餐桌 A1	1500×1500×750	10	整套	1550×1550×250	10	0.60	40	带电磁炉
7	餐桌 A2	1350×1350×750	10	整套	1400×1400×25	10	0.49	35	带电磁炉
7	餐桌 A2	1350×1350×750	10	整套	1400×1400×25	10	0.49	35	带电磁炉
8	餐桌 A3	1600×800×750	10	整套	1650×850×250	10	0.35	35	带电磁炉
9	餐桌 A4	1600×800×750	10	整套	1650×850×250	10	0.35	35	带电磁炉
10	餐桌 A5	1600×800×750	10	整套	1650×850×250	10	0.35	35	带电磁炉
合计		产品总数量	450	包装总体积		61.67	包装总重量	9400	

图 6-3　发货清单

图 6-4 电话接单

6. 1. 2 接单作业管理要点

1. 接单作业管控点

1）接单作业硬性计划

因接单作业除与客户之前已协定的订单外，其他订单都是随机产生，所以在制订接单作业硬性计划的过程中，要准备好硬性条件，比如随时待命的人员、随时可以用的操作信息、随时能用的信息传送工具等，以保证订单产生时能够随时展开作业。

2）严格执行

虽然接单作业有很强的随机性，不过大部分公司都有自身的作业规范，为了使作业高效、经济地完成，接单员应严格执行作业规范和接单作业硬性计划。

3）总结问题

相关人员应总结接单过程中存在的问题，对于不懂或不熟的操作应及时请求帮助。

4）问题处理

除及时处理接单过程中的应急问题外，还应做好下次接单作业的改进工作。

2. 接单作业差异处理

接单作业在打印单据、核对信息环节常发生差异，差异处理如下。

（1）单据多出：撕毁。

（2）单据少印：补印。

6. 1. 3 接单作业绩效考核

1. 接单正确率

接单正确率是衡量接单操作水平的重要指标，其计算公式如下：

接单正确率=1-（接单错误笔数/接单总笔数×100%）

2. **接单准时率**

接单准时率是衡量接单服务水平的重要指标，计算公式如下：

接单准时率=1-（接单延迟数/接单总数×100%）

注：延迟数可以是延迟日数，也可以是延迟笔数。

6.2 核单作业

6.2.1 核单作业流程

核单作业是指装车出货后，由于种种原因，客户并不一定能如数收到发出的货物，这就需要对已收回的回单进行处理，将实际客户收货信息输入系统，核单作业也是汇总配送差异情况的过程。

1）作业流程

核单作业流程如图6-5所示。

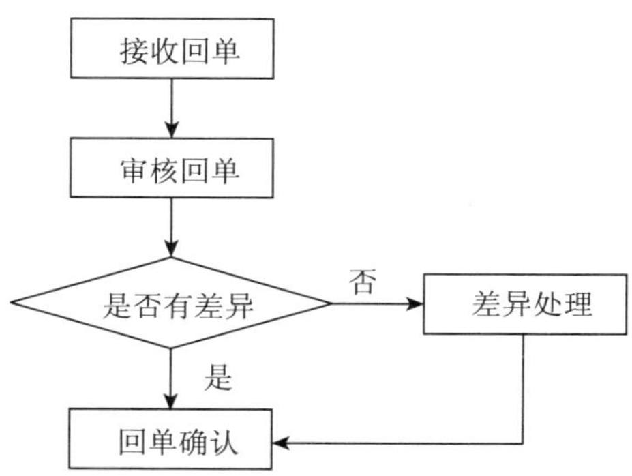

图6-5 核单作业流程

2）工作说明

核单作业工作可分为以下三部分。

（1）核单作业准备。核单作业操作比较简单，拿到整理的回单后，只需准备好笔、信息操作系统用以做标记和反馈信息即可。

（2）单据审核处理。信息员核对系统记录及出车回单中的客户收货数据是否存在差异，若有差异，则进行差异处理。同时确认审核回单上是否签字、盖章等。

（3）核单完成处理。信息员在信息操作系统内进行回单确认。

6.2.2 核单作业管理要点

1. 核单作业管控点

1）核单作业计划

核单作业计划包括对人员、信息操作系统等的安排，主要保证核单作业的及时性、准确性。

2）严格执行

严格执行核单作业规范、核单作业计划是有效完成核单作业的关键。

3）核查与总结

核查与总结是指核查操作中的失误，总结操作作业中存在的问题。

4）积极更正

在作业过程中要积极更正存在的失误，改进操作中的问题，让下次作业更完美。

2. 核单作业差异处理

核单作业重在核对，若核对出现差异，应及时处理。

（1）少签字：补签。

（2）回单少张数：找回或赔偿。

6.2.3 核单作业绩效考核

1. 核单正确率

核单正确率是衡量核单操作水平的重要指标，计算公式如下：

$$核单正确率=1-（核单错误笔数/核单总笔数\times100\%）$$

2. 核单准时率

核单准时率是衡量核单服务水平的基本指标，计算公式如下：

$$核单准时率=1-（核单延迟笔数/核单总笔数\times100\%）$$

6.3 批价作业

6.3.1 批价作业流程

批价作业是回单收回后作业人员对保管货物、配送货物等产生的服务费用进行批价的过程。批价作业流程如图 6-6 所示。

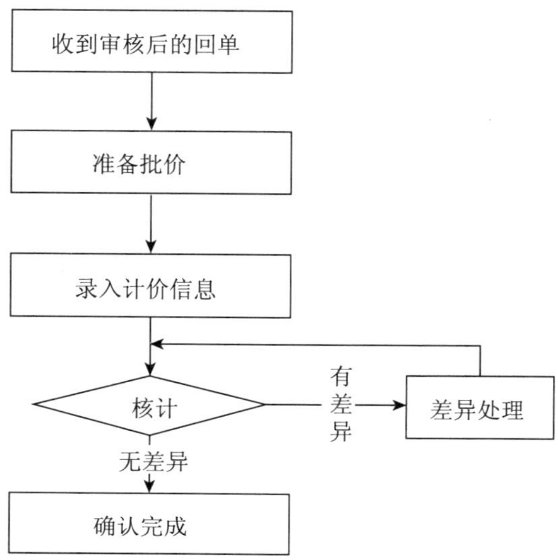

图 6-6 批价作业流程

总的来说，批价作业包含批价作业前准备、计价信息录入、批价完成处理三部分。

1）批价作业前准备

批价作业前需准备已核对的回单以及这些回单所对应的系统中的信息，硬件上只需要有配有信息操作系统的电脑即可。

2）计价信息录入

按服务情况对每个回单上对应的货物录入计价信息，做到一票一录。若录入后有差异应及时进行差异处理。

3）批价完成处理

批价确认完成后，应在系统中确认并提交财务部。

6.3.2 批价作业管理要点

1. **批价作业管控点**

1）批价作业计划

批价作业计划要求批价作业开始前做足准备，同时做好作业规范宣导，为作业计划的实施打下基础。

2）严格执行

批价员应严格执行作业规范，在规定的时间内完成作业。

3）核查与总结

在核查与总结中应反复核查计价是否有问题并且总结自身操作。

4）问题处理

若计价有问题或时间上有问题，应及时更改或寻求帮助，若自身操作中存在问题，要积极练习。

2. **批价作业差异处理**

在批价作业中，核计后常出现的差异如下。

（1）人工计价错误：及时更正。

（2）系统计价错误：改人工计价，予以更正。

6.3.3 批价作业绩效考核

1. **批价正确率**

批价正确率是衡量批价操作水平的重要指标，其计算公式如下：

批价正确率＝1-（批价错误笔数/批价总笔数×100%）

2. **批价准时率**

批价准时率是衡量批价服务水平的基本指标，计算公式如下：

批价准时率＝1-（批价延迟笔数/批价总笔数×100%）

6.4 回单作业

6.4.1 回单作业流程

回单是所发货物的书面单据，其随同货物一起抵达收货方，需要得到收货人的认可，一般常见的为送货单/发货单中一联，且在货物送达签收后及时收回，它是与客户进行结算的依据，也是配送完成的凭证。

回单作业流程从回单收回开始，包含回单作业准备及接收回单、回单分类处理、回单信息处理（即核查回单）以及回单完成处理四个部分，回单作业流程如图 6-7 所示。

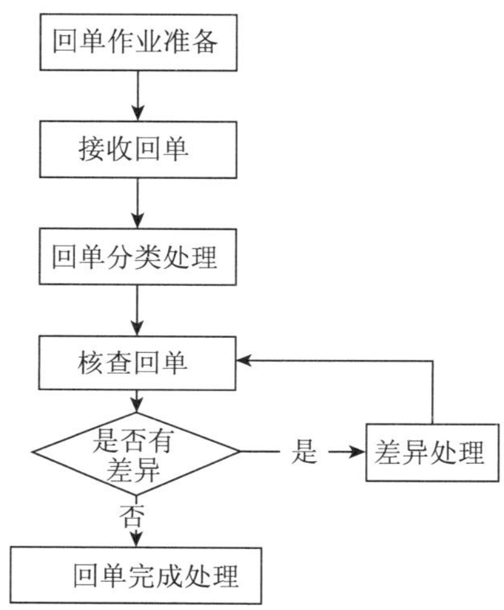

图 6-7　回单作业流程

1）回单作业准备及接收回单

回单作业主要是分类并记录相关信息的过程，作业前需准备好回单信息统计表、客户回单分类文件夹、信息系统等，同时安排好信息统计人员，并及时接收回单。

2）回单分类处理

对于收回的回单，需按客户信息、结算信息等进行分类，并放置固定文件夹中，以便进行信息处理。

3）回单信息处理（即核查回单）

回单信息处理主要是对回单回收数量、是否残缺、签字情况等进行初步的处理。回单数量应与所配送货物票数对等，且要保证回单的完整性，避免缺失重要信息，收货人签字情况需要核实是否已签字以及签字人是否为收货人本人。以上信息有误的，则要进行差异处理。

4）回单完成处理

回单整理、查验完成后，需交予财务部门或由主管确认后再交予财务部门，同时在系统中确认送货完成、回单已收。

6.4.2 回单作业管理要点

1. 回单作业管控点

1）回单作业计划

回单作业计划应保证回单作业的准时性、精确性，应安排好人员宣导回单整理、信息处理高效作业的规范与技巧。

2）严格执行

回单回收、信息整理与处理员应牢记作业规范，并按规范进行作业，并做到及时反馈有误信息。

3）审查与总结

对已整理分类、信息已处理的回单应反复审查并确保无误。同时，要总结作业中的突出点和失误点。

4）及时处理

相关人员应及时更正作业中的错误，学习补足失误之处。

2. 回单作业差异处理

回单作业中，回单核对过程中常出现回单缺失或多余等情况，处理如下。

（1）回单缺失：要求补给。

（2）回单盈余：核实后退回。

6.4.3 回单作业绩效考核

1. 回单正确率

回单正确率是衡量回单操作水平的重要指标，计算公式如下：

回单正确率＝1－（回单错误笔数/回单总笔数×100%）

2. 回单准时率

回单准时率是衡量回单服务水平的重要指标，计算公式如下：

回单准时率＝1－（回单延迟笔数/回单总笔数×100%）

6.5 小结

本章主要对信息的传递与处理作业进行介绍，这些作业皆由仓储与配送作业信息流转引发且涉及财务信息。本章在编写的过程中分别从接单作业、核单作业、批价作业、回单作业着手，介绍了作业的基本概念、作业流程、工作说明、作业管控点、差异处理原则、绩效考核指标及计算方法等内容，本章节的单独阐述能够更为突出地反映仓储与配送作业中信息处理的重要性。

单元7　物流安全管理

学习目标

通过学习本单元，你应该能够：

1. 了解物流安全管理的基本概况和重要性
2. 了解物流风险管理及风险评估方法
3. 了解仓储安全管理的种类、对策
4. 了解仓储安全的考虑因素
5. 了解货物安全管理的内容
6. 了解员工安全管理的内容
7. 了解职业健康安全管理体系（OHSMS）

7.1 物流安全管理概述

7.1.1 物流安全管理的重要性

1. 物流安全管理的作用与意义

在我国的物流发展过程中，物流安全越来越受到重视。物流活动中，安全是保证物流活动能够正常进行、发挥固有功能的重要因素。物流安全是为了保证货物从供应地向接收地的实体流动过程中的运输、储存、装卸搬运、包装、流通加工、配送、信息处理等基本功能的顺利实现，使相关人员免受伤害、疾病或死亡，避免引起设备破坏或财产损失，确保最大的经济效益和安全效益。

物流安全管理包括仓储安全管理、配送安全管理、信息安全管理以及员工健康与安全管理。做好物流安全管理对生产企业和物流企业有重大意义。

1）物流安全管理是企业生产的前提保证

物流安全管理能够保证物流功能顺利实现，从而为企业创造良好的经营环境，保证企业正常的输入和输出。物流安全能够保证物流功能活动的连续性和衔接性，使企业的生产得到支持。

2）物流安全管理可以降低企业成本

物流安全管理可以减少危险、伤害和损坏，从而减少经济负效益，这就等于创造了经济效益。物流企业还可以采用安全经济原理和手段，如选择合适的安全保险、最优的安全方案等，从而保证最大的经济利益。

3）物流安全管理可以提高企业的生存能力

首先，物流安全管理保证了企业生产的顺利进行，保证了物流活动的连续性和时间性，使企业在现代的竞争大潮中能够取信于上下游企业和消费者，这对企业的信用建设有着重要的意义；其次，物流安全管理可以使企业更加和谐，同时可以减少企业的人员伤害，使员工的利益得到保护，增加企业的凝聚力，营造和谐的氛围。

2. 安全事故的代价

在安全生产中，责任重于泰山。安全生产是企业的头等大事，是企业可持续发展的保障，有了安全保障，才会有企业效益可言。安全事故的代价是沉重的，事例和教训历历可数。如果发生安全事故，将会给企业造成非常严重的影响，给企业带来巨大的损失，具体包括赔偿、补偿或补助费用，停业整顿费用，承担法律责任的损失、精神损失费用等。

企业规模越大，停业整顿费用越大。虽然停业整顿，但企业的正常支出仍会产生，停业整顿会造成跟踪的项目流失、投标信用分降低、社会负面效应增加，给企业带来无法估量的损失。甚至会给企业造成毁灭性打击。

如为严重的责任事故，有关责任人员将会被追究刑事责任。因此，承担法律责任的损失无法确定。

事故发生后，企业的主要负责人、高层管理人员、事故的主要责任人都承受着精神上的巨大压力，甚至可能引发疾病等。因此，精神损失费用难以估量。

综上所述，安全事故的代价惊人，它不但毁掉了逝者的家庭，也可以导致项目责任人倾家荡产，同时还可能毁掉一个企业。

3. 天津港安全事故案例

1）事故发生的时间和地点

2015 年 8 月 12 日 22 时 51 分 46 秒，位于天津市滨海新区吉运二道 95 号的瑞海公司危险品仓库运抵区（“待申报装船出口货物运抵区”的简称）最先起火，23 时 34 分 06 秒发生第一次爆炸，23 时 34 分 37 秒发生第二次更剧烈的爆炸。事故现场形成 6 处大火点及数十个小火点，8 月 14 日 16 时 40 分，现场明火被扑灭。

2）事故现场情况

事故现场按受损程度可分为事故中心区、爆炸冲击波波及区。事故中心区为此次事故中受损最严重的区域，该区域东至跃进路、西至海滨高速、南至顺安仓储有限公司、北至吉运三道，面积约为 54 万平方米。两次爆炸分别形成一个直径 15 米、深 1.1 米的月牙形小爆坑和一个直径 97 米、深 2.7 米的圆形大爆坑。以大爆坑为爆炸中心，150 米范围内的建筑被摧毁，东侧的瑞海公司综合楼和南侧的中联建通国际物流公司办公楼只剩下钢筋混凝土框架；堆场内大量普通集装箱和罐式集装箱被掀翻、解体、炸飞，形成由南至北的3座巨大堆垛，一个罐式集装箱被抛进中联建通国际物流公司的办公楼4层房间内，多个集装箱被抛到该建筑楼顶；参与救援的警车和位于爆炸中心南侧的吉运一道和北侧的吉运三道附近的顺安仓储有限公司、安邦国际贸易有限公司储存的7641辆商品汽车以及现场灭火的30辆消防车在事故中全部损毁，邻近事故中心区的贵龙实业、新东物流、港湾物流等公司的4787辆汽车受损。

爆炸冲击波波及区分为严重受损区、中度受损区。严重受损区是指建筑结构、外墙、吊顶受损的区域，受损建筑部分主体承重构件（柱、梁、楼板）的钢筋外露，失去承重能力，不再满足安全使用条件。中度受损区是指建筑幕墙及门、窗受损的区域，受损建筑局部幕墙及部分门、窗变形、破裂。

3）人员伤亡和财产损失情况

事故造成165人遇难（参与救援处置的公安现役消防人员24人，天津港消防人员75人，公安民警11人，事故企业、周边企业员工和周边居民55人），8人失踪（天津港消防人员5人，周边企业员工、天津港消防人员家属3人），798人受伤住院治疗（伤情重及较重的伤员58人、轻伤员740人）；304幢建筑物（办公楼宇、厂房及仓库等单位建筑73幢，居民1类住宅91幢、居民2类住宅129幢、居民公寓11幢）、12428辆商品汽车、7533个集装箱受损。截至2015年12月10日，事故调查组依据《企业职工伤亡事故经济损失统计标准》（GB 6721—1986）等标准和规定统计，已核定直接经济损失68.66亿元人民币，其他损失尚需最终核定。

除此之外，本次事故还造成了该地区严重的大气、水环境、土壤环境污染，给当地居民的生活和身体健康带来了严重的威胁，专业人士需展开中长期风险评估。

7.1.2 物流风险管理与评估

1. 物流风险管理

随着科技的进步、技术和金融的创新以及市场竞争的日益激烈，物流企业面临着前所未有的风险管理的挑战，构建企业全面风险管理体系已成为21世纪物流企业管理发展的新趋势。另外，现代物流作为跨地区、跨行业、跨部门的开放系统，连接着国民经济的运输、仓储、包装、装卸搬运、流通加工、配送、信息等诸多环节，这使物流企业的风险具有特殊性，也就决定了现有的以金融机构、工商企业为研究和应用对象的风险管理理论很难解决目前物流企业所面临的风险问题。

物流风险是客观存在的，任何物流企业都面临内部或外部风险，它会防碍企业目标的实现，因此企业管理者必须进行风险管理，做好企业风险管理至关重要，把控方法如下。

（1）提高风险管理意识，在物流企业经营活动中，企业管理者应根据自身的能力去承接项目，对所承接的项目要进行预评估，要尽量避开和放弃经评估后风险较大的项目。有多少人接多少项目，这样才能有效避免由于人员不到位、人员与投标不符、资质降低等而受到处罚。此外，不能盲目扩大规模，要使各个项目均能处于企业管理者的有效管理范围之内，有效避免因企业管理不到位而带来的风险。

（2）企业应该尽量采用规范化的管理模式，制定规范化的规章制度、岗位责任制度。《老板》杂志表示企业管理者应根据每个具体项目的特点，对涉及监理风险的工作内容，制订较为细致的、有针对性的监理实施细则和风险管理计划，从而使企业的所有项目均能按统一规定的工作程序、要求、标准去做好监理工作，正确履行监理的各种责任，从而达到降低风险的目的。

（3）企业管理者应建立较为完善的监督检查机制并进行动态管理。企业的各级领导、业务部门要经常到项目现场进行检查与指导，并加强与客户的沟通，听取客户的意见，及时把各种新的法律法规、内外形势变化、企业和客户的要求等传达给项目监理人员，并在检查中及时发现项目监理机构的不足，企业管理者应对项目存在的风险隐患及时加以处理，使其消失于萌芽状态，避免风险事故的发生。

（4）组建突发事件公关队伍，全面应对突发事件。企业管理者为加强对突发事件的管理与应对，在企业内部建立一支训练有素、精干高效的突发事件公关队伍（小组）是完全必要的。其成员应包括企业最高决策层、公关部门、生产部门、市场销售部门、技术研发部门、保安部门、人力资源部门等相关部门的人员以及法律顾问、公关专家等专业人士。在正常情况下，突发事件公关小组负责对企业内外环境进行实时监测，在广泛收集信息的基础上分析存在的问题和隐患，对可能出现的突发事件情况做出准确预测，根据预测结果帮助企业管理者制定切实可行的突发事件防范措施并监督指导防范措施的落实，加强对突发事件预警机制的管理，开展对公关人员和全体员工的培训，组织突发事件状况模拟演习等。当突发事件发生时，突发事件公关小组要起到指挥中心的作用，包括建立突发事件控制中心，制订紧急应对方案，实施策划方案，与媒体进行联系沟通，控制险情扩散、恶化，减弱突发事件的不良影响，化解公众疑虑和敌对情绪，从而尽快结束突发事件。

2. 风险评估方法

在风险评估过程中，可以采用多种操作方法，包括基于知识（Knowledge-based）的分析方法、定性（Qualitative）分析方法和定量（Quantitative）分析方法等，无论何种方法，共同的目标都是找出企业信息资产面临的风险及其影响，以及目前安全水平与企业安全需求之间的差距。

定性分析法：通过对风险进行调查研究，做出逻辑判断。亦称“非数量分析法”。是依靠预测人员的丰富实践经验以及主观的判断和分析能力，推断出事物的性质和发展趋势的分析方法，属于预测分析的一种基本方法。这类方法主要适用于一些没有或不具备完整历史资料和数据的事项。在实际分析过程中，常用的分析方法有因果分析图法、安全检查表法、预先危险性分析法、故障类型和致命度分析法、统计图表分析法等。

定量分析法：一般采用系统论方法，将若干相互作用、相互依赖的风险因素组成一个系统，依据统计数据抽象成理论模型，运用概率论和数理统计等数学工具定量计算出最优的风险管理方案的方法。主要包括比率分析法、趋势分析法、结构分析法、对比分析法、数学模型法。以上五种定量分析法，比率分析法是基础，趋势分析法、结构分析法和对比分析法是延伸，数学模型法代表了定量分析的发展方向。

基于知识的分析方法：在风险评估时，企业可以采用基于知识的分析方法来找出目前的安全状况和安全标准之间的差距。基于知识的分析方法又称作经验方法。采用基于知识的分析方法，企业不需要付出很多精力、时间和资源，只需通过多种途径采集相关信息，识别企业的风险和当前的安全措施，与特定的标准或最佳惯例进行比较，从中找出不符合的地方，并按照特定的标准或最佳惯例的推荐选择安全措施，从而达到消减和控制风险的目的。

7.2 仓储安全管理

安全对现代仓库来说具有特殊的重要意义，因为，仓库是商品重要的集散地，也是储藏和保管商品的场所，其价值和使用价值均很高，一旦发生火灾或爆炸等严重的灾害，不仅仓库的设施可能被毁坏，而且客户存放在仓库中的所有货物也将全部变成废品，其损失之大，远远超过一般厂房的火灾。因此，现代仓库的安全工作应该位于一切管理工作的首位，必须警钟长鸣，做好一切防范工作。仓储管理必须十分重视发现、分析和消除仓储活动过程中的各种危险，保护仓库中的人、财、物不遭受破坏、损失，并在一定条件下取得最佳的经济效益和社会效益。

7.2.1 影响仓储安全的因素

在现代仓库的安全工作中，影响仓储安全的因素主要有两大类：一类是人为因素，另一类是自然灾害因素。接下来就两大类因素进行逐一阐述。

1. 人为因素

在仓储活动过程中，客观上存在着一些不安全的因素，属于人为因素的主要包括人员缺乏安全知识、疏忽大意或采取不安全的操作动作等。比如违章指挥、违章操作、违反劳动纪律。在装卸搬运笨重货物时，有被碰撞的危险；在操作电气设备时，有触电的危险；在储放或搬运危险品时，有中毒、爆炸等危险；还有些是由于管理人员认识上的局限性造成的，如对某些化学物品、危险品、易燃品、腐蚀品的性质不了解，对某些商品储存的规律没有完全掌握，导致事故发生；由于管理人员素质不高而引起事故，如有些管理人员失职，也有些管理人员因贪图小利而出卖仓库利益，还有个别仓库领导官僚主义作风严重等。

2. 自然灾害因素

在仓储活动过程中，除人为因素导致的仓储安全问题外，还有一些因自然灾害因素而导致的仓储安全风险，如台风、雷电、暴雨、地震等灾害，此类风险不同于人为风险，一旦发生不易处理。针对此类风险，在仓储安全管理中，做好事前预防工作更为重要。

7.2.2 仓储安全管理的对策

1. 购买保险

在物流作业过程中，只要涉及货物作业、监管的运作环节都有可能涉及货物保险问题。一般保险最受重视的环节有仓储作业、空运、海运、陆运。仓储作业是物流作业的重要环节，通过购买保险减少损失成为仓储安全管理中必不可少的对策。

2. 做好安全管理

为做好安全管理应全面落实安全管理制度，加强对仓库保管人员的培训，让上岗的每一位保管人员都能较全面地掌握各类商品的特性及储存、保管的方法。与此同时，应努力提高仓库管理人员的素质，增强仓库管理人员的道德素养和工作责任感；对于腐败成风、不学无术的个别管理人员及仓库领导应采取必要的措施，如开除，甚至追究刑事责任等。总之，必须杜绝一切不安全的因素，确保仓库的安全。

7.2.3 仓储安全管理办法范例

仓储安全管理办法有仓库安全管理制度和货物安全管理制度，以下将从这两个方面做具体阐述。

1. 仓库安全管理制度

（1）仓库“十不”。

①不准设办公室。

②不准设休息室。

③不准住人。

④不准用可燃材料搭建搁层。

⑤不准使用碘钨灯。

⑥不准使用日光灯。

⑦不准使用电熨斗。

⑧不准使用电炉子。

⑨不准使用电烙铁。

⑩不准使用 60 瓦以上的灯泡。

（2）仓库防火管理规则。

①仓库应当设置醒目的防火标志，库区严禁吸烟和明火作业。

②应当按照国家有关消防技术规范在仓库内设置、配备消防设施和器材。

③库区以及周围 50 米内，严禁燃放烟花爆竹。

（3）仓库管理要求。

①为了确保仓库人、财、物的安全，必须建立和健全消防、保卫、保密、安全操作等规章制度，并设专人负责。

②应建立和健全各项安全制度相应的执行、监督机制，组织日常检查、定期检查、节假日重点检查等，真正把各项安全制度落到实处。

③必须培养一支消防队伍，设立专职或兼职的消防人员，仓库领导中应有人分管消防工作，同时应配备相关的消防设备，并指定专人负责管理。

④应严格管理各类火种、火源、电源、水源等，严禁各类火种及易燃品带入仓库。储货区与生活区应该严格隔离，储货区内不允许居住。

⑤在现代仓库中进行装卸、搬运、堆垛及各种机械设备操作时，必须严格遵守操作程序和规则，防止各类工伤事故的发生。

⑥仓库管理人员必须对仓储货物的品名、数量、规格、种类等严格保密。

（4）注意事项。

①要注意仓储区的温度、湿度，保持通风良好、干燥。

②仓库内要设防水、防火、防盗等设施，以保证货物安全。

③仓库要注意门禁管理，不得随便让人进入。

对于仓库的安全，常用的评价指标有仓库失火、爆炸事故、被盗事故、机械破坏事故等。这类指标一般不需要计算，而是根据损失的大小来划分为不同的等级，然后进行考核。

（5）仓库“5S”管理。

①“5S”的含义。“5S”是整理（Seiri）、整顿（Seiton）、清扫（Seiso）、清洁（Seiketsu）、素养（Shitsuke）这5个日文的罗马拼音首字母的缩写。以整理、整顿、清扫、清洁和素养为内容开展的活动称为“5S活动”。

整理是指将工作场所和周围无用的物品清理掉。

整顿是指保证有用的材料有序摆放，随时备用。

清扫是指保持机器、仪器等清洁。

清洁是指以改善工作环境为基础制定标准。

素养是指坚持制定的标准并不断完善、检查。

②实行“5S”的活动范围。

A. 整理。整理就是将必需品与非必需品区分开。必需品摆在指定位置并挂牌明示，实行目标管理；不需要的物品要坚决处理掉，在岗位上不要放置必需品以外的物品。这些被处理掉的物品可能包括原辅材料、半成品和成品、设备仪器、工模夹具、管理文件、表册单据等。其要点如下。

a. 对每件物品都要考虑是必要的吗？必须这样放置不可吗？

b. 要区别对待马上要用的、暂时不用的、长期不用的物品。

c. 即便是必需品，也要适量，将必需品的数量降到最低限度。

d. 在哪儿都可有可无的物品，不管是谁买的，也不管有多昂贵，都应坚决处理掉。

e. 非必需品是指在这个地方不需要的物品，而在别的地方或许有用，并不是“完全无用”，应寻找合适它的位置。

f. 当场地不足时，不要先考虑增加场所，要先整理现有的场地。

B. 整顿。除必需品放在能够立即取到的位置外，乱放暂时不需要且无特别说明的物品均应受到现场管理干部（小组长、车间主任等）的责任追究。这种整顿对每个部门都重要，这也是在研究如何提高效率，它研究怎样才可以立即取得物品，以及如何能将其立即放回原位。任意存放物品并不会加快工作速度，反而使寻找时间加倍，因此必须思考分析怎样拿取物品更快，并让大家都能理解这套系统，遵照执行。这样便有以下效果。

a. 将寻找的时间减少为零。

b. 有异常（如丢失、损坏）能马上发现。

c. 其他人员也能明白要求和做法，即其他人员也能迅速找到物品并能放回原处。

d. 不同的人去做，结果是一样的（已经标准化）。

C. 清扫。清扫就是将工作场所、仪器设备、材料、工具等的灰尘、污垢、碎屑、泥沙等脏东西清扫擦拭干净，从而创造一尘不染的环境。仓库所有人员应一起来执行这个工作。

a. 最好能给每个人分配应负责清扫的区域。分配区域时必须清楚地划清界线，不能留下没有人负责的区域（死角）。

b. 对自己的责任区域都不肯认真完成清扫工作的员工，不要让他担当更重要的工作。

c. 处处干净整洁的环境会让客户感动、员工心情舒畅。

d. 在整洁明亮的环境里，任何异常，包括一颗螺钉掉在地上都可马上被发现。

e. 设备异常在保养中就能发现并且得到解决，设备不会在使用中“罢工”。

D. 清洁。清洁就是在“整理”“整顿”“清扫”之后的日常维持活动，即将该行为形成制度和习惯。每位员工应随时检讨和确认自己的工作区域内有无不良现象，如有则立即改正。每天下班前几分钟（视情况而定）全员参加清洁作业，使整个环境随时都维持良好状态。实施了就不能半途而废，否则又会回到原来的混乱状态。

E. 素养。素养就是培养全体员工良好的工作习惯、组织纪律和敬业精神。每一位员工都应该自觉养成遵守规章制度、工作纪律的习惯，努力创造一个具有良好氛围的工作场所。如果绝大多数员工能够将以上要求付诸实践的话，个别员工就会抛弃坏的习惯，向好的方面发展。

a. 学习、理解并努力遵守规章制度，使它成为每个员工应具备的一种修养。

b. 领导者的热情帮助与被领导者的努力自律是非常重要的。

c. 人们要有合作奉献精神和职业道德。

d. 互相信任，管理公开化、透明化。

e. 勇于自我检讨反省，为他人着想，为他人服务。

2. 货物安全管理制度

货物安全管理是一项技术非常复杂的工作，概括地说，就是对货物“防”与“治”的问题。在货物安全管理过程中，应贯彻以防为主、防重于治的方针。“防”的措施得当，储运货物就不会出问题或少出问题。“治”是货物出现问题后采取救治的力、法，如果货物有问题不治，那么，受害的范围就会不断扩大。“防”与“治”是货物安全管理不可或缺的两个方面。

常见的货物安全管理制度主要包括货物老化处理与预防措施、货物锈蚀处理与预防措施、货物霉变处理与预防措施、害虫处理与预防措施、鼠类处理与预防措施等。

7.3 配送安全管理

在现代物流活动中，配送是其中一种较特殊的综合的活动形式，几乎包含了所有的物流功能要素，是物流的一个缩影或某小范围中物流全部活动的体现。一般的配送集装卸、包装、保管、送货于一身，通过一系列活动将货物送达。配送过程中的安全管理尤为重要。

7.3.1 配送安全事故产生因素

1. 自我因素

配送车辆属于企业财产，因此为了企业财产安全，必须严格执行配送车辆的安全管理制度。人作为各种社会活动的主体，既是交通事故的受害者，同时又是交通事故的制造者，事故将导致各种悲剧。在道路运输活动中，驾驶员的个体差异对事故的发生有着很大的影响，不足的反应能力、事故发生的高危年龄、性别群体、低劣的素质都是导致交通事故的原因。

2. 外来因素

在运输过程中突发事件将使运输中断，货物无法按时送达，甚至造成车毁货损。企业应充分认识突发事件可能给客户带来的损失，在运输过程中积累处理突发事件的经验。运输过程中所遇突发事件一般分为以下几类。

（1）暴风、暴雨、水灾、地震、运输道路毁坏等自然灾害。

（2）车辆发生故障无法运行。

（3）交通事故。

（4）政府部门扣车检查。

（5）货物车辆被盗或其他原因。

7.3.2 配送安全管理的对策

1. 风险预防措施

1）与分包商之间可能产生的风险

（1）传递性风险。传递性风险是指第三方物流企业通过分包协议把全部风险有效传递给分包商的风险。例如，第三方物流企业与客户签订的协议规定赔偿责任限额为每件 500 元，但第三方物流企业与分包商签订的协议却规定赔偿责任限额为每件 100 元，差额部分由第三方物流企业买单。在这里，第三方物流企业对分包环节造成的货损并没有过错，但依据合同不得不承担差额部分的赔偿责任。由于目前铁路企业、民航企业、邮政企业等对赔偿责任限额普遍规定较低，因此，第三方物流企业选择由公用企业部门分包时将面临不能有效传递的风险。

（2）诈骗风险。资质差的分包商，尤其是一些缺乏诚实信用的个体户运输业者配载货物后，有时会发生因诈骗而致货物失踪的风险。

2）与社会公众之间可能产生的责任风险

（1）环境污染风险。第三方物流活动中的环境污染主要表现为交通拥堵、机动车排放尾气、噪声等。根据环境保护法，污染者需要对不特定的社会公众承担相应的法律责任。

（2）交通肇事风险。运输司机在运输货物的过程中发生交通肇事属于履行职务的行为，其民事责任应该由其所属的物流企业承担。

（3）危险品泄漏风险。危险品物流有泄漏的风险，随时会给社会公众的生命财产安全带来威胁，从事危险品物流的企业需要提高警惕。

2. 采取补救措施（紧急救助）

（1）凡在运输过程中遇突发事件造成车辆中断运行或改变运输路线，无法按时送达货物，造成车毁货损等情况，司机必须及时电告企业调度，报告内容必须包括以下几个方面：突发事件种类、原因；车辆、货物的损坏情况；发生突发事件的地点和时间；建议施救办法。

（2）凡遇自然灾害、车辆发生故障的情况，而未造成货差货损的，司机应改道行使或者及时联系修理单位，尽快修复车辆。由于自然灾害而造成货物损坏，司机应积极自救，减少货物损失，并尽快通知企业调度及技术安全部人员寻求处理办法。

（3）交通事故未造成货损时，司机应该积极、主动地配合交警部门处理交通事故，尽快修复车辆放车。若造成货损，应将货损情况立即通报企业调度和技术安全部人员寻求处理办法，并协助配合保险公司，处理货物索赔事宜。

（4）政府部门扣车、扣货。司机应了解扣车、扣货的原因以及放车、放货所具备的手续，积极说服有关部门放车、放货，并电告企业调度寻求处理办法，协助有关人员处理。

（5）货物被盗应立即向当地公安部门报案，电告企业调度和技术安全部人员寻求处理办法。

（6）若发生突发事件，司机必须在承运记录中做详细记录。在可能情况下要求公安交警部门签字证明。

7.3.3 配送安全管理办法范例

为实现安全管理的目的，企业应该建立健全各项必要的安全规章制度，为所有的员工预先设立行动准则规范，以便员工照此行事，实现有组织、有秩序的安全生产。一般而言，物流企业为了实现安全生产的目的，需要建立健全以下制度。

1. 以目标管理为核心的安全生产责任制度

物流企业应建立以目标管理为核心的安全生产责任制度，把目标管理和安全生产责任制度结合起来，将事故隐患的控制等安全目标作为安全责任界定和奖惩的依据。

在实施过程中，随着安全目标的层层分解，安全责任将明确到人，形成一个自上而下逐级管理、自下而上逐级负责的管理网络。具体来说，企业领导主抓全体安全，对国家和企业负责；各部门的领导、安全员主抓部门安全，对二级单位领导负责；车队长主抓车队安全，对部门领导负责；员工自抓本岗位安全，对车队长负责。各机构之间每年层层签订安全生产责任书，年终逐级考核兑现。

2. 安全会议制度

物流企业安全生产领导小组应建立安全会议制度，每季度召开一次安全会议，每月召开一次安全工作例会；驾驶员安全会议（活动）原则上每周一次，每月不少于两次。遇有特殊情况或发生重特大事故应随时召开有关会议。

物流企业道路运输安全工作例会每月不得少于一次。安全工作例会的主要内容是传达、学习有关安全管理工作的文件、指示；总结本企业近期内行车安全工作的经验教训，制定措施，布置开展安全活动。驾驶员安全活动日应每周开展一次。安全活动日主要活动内容包括传达、学习有关行车安全的法规、文件；总结、交流安全行车经验，分析安全生产形势；针对行车安全中存在的问题提出防范措施。安全活动日应建立活动记录，实行签到制度。物流企业也可根据自身条件和特点，结合生产实际，积极开展不同形式的安全竞赛活动。

3. 行车安全档案制度

物流企业应建立行车安全档案制度、行车事故档案制度。行车安全档案制度包括基础资料档案、驾驶员行驶条例、规章制度、企业的行车安全管理机构设置、安全管理人员编制名册、驾驶员名册、检查考核记录、安全工作例会记录、安全活动记录；行车安全档案制度规定一人一档，记录其安全运行和遵章守纪等情况；行车事故档案制度规定一般事故以上一事一档，记录事故经过、事故原因及事故处理情况。

4. 行车安全教育和培训制度

物流企业应重点对安全管理、驾驶、维修、乘务、车辆安全技术检查等人员进行以业务和技术为主要内容的行车安全教育和培训并建立行车安全教育和培训制度。

5. 行车安全检查制度

物流企业应建立行车安全检查制度，对营运车辆和驾驶员等生产人员进行安全技术检查，做好详细记录，对检查中发现的问题和事故隐患，应制定措施并及时整改。

6. 驾驶员管理制度

物流企业必须加强对驾驶员的管理，建立驾驶员管理制度，抓好驾驶员的资质审查和培训、考核、教育及其驾驶证、上岗证的管理工作。教育驾驶员遵章守纪，服从管理，自觉执行安全管理的各项规章制度。

7. 车辆管理制度

物流企业要加强车辆管理，建立车辆管理制度，严格车辆维修、检测，并建立健全车辆管理档案，要强化车辆风险保障能力的管理，凡国家规定实行强制保险的险种，所有营运车辆（含租赁、挂靠车）必须按要求投保，不得漏保、脱保。运输企业和交通主管部门还可通过设立责任赔偿保障金和安全统筹办法，建立和完善车辆风险保障体系。

8. 安全行车奖惩制度

物流企业应建立科学的安全行车奖惩制度，做到奖惩分明，保障企业安全管理人员的合法权益，处罚相应的不安全行为。建立安全行车奖惩制度，使安全行车与经济利益挂钩。对安全行车的驾驶员每月按行车里程发放奖励基金，年终发安全奖，对他们进行鼓励；对发生事故的驾驶员根据损失大小按责论处，加强安全管理效果。

9. 安全责任追究制度

物流企业应建立安全责任追究制度，秉承事故原因不查清不放过、责任人员未处理不放过、整改措施未落实不放过、有关人员未受到教育不放过的“四不放过”原则，追究事故直接责任人和有关负责人的责任。

10. 行车日志制度

物流企业应建立行车日志制度，加强对车辆的运行管理，按班次填写行车日志。行车日志包括始发站、中途停靠站、终点站、停车时间、天气和道路状况，以及行车中发生的车辆故障、隐患、事故等内容。行车日志由驾驶员负责填写，企业专人负责管理。

制度的建设只是搞好安全管理工作的第一步，只是手段不是目的，它只是设立了一个人们行为的规范，更重要的是要遵照执行，要将制度规章落到实处，否则只是白白浪费时间和精力而已。

企业必须定期检查安全规章制度的执行情况，年终进行总结、分析，提出进一步完善的意见。各物流企业原则上一年要开展两次安全大检查。检查的主要内容是职工安全意识的确立情况、各项安全制度的执行情况、有关安全机构功能发挥的情况、车辆和设备实际的情况、各类事故处理的情况、安全防范措施落实的情况等。安全大检查以自检、普检为主，并适当与互检、抽检结合起来。对查出的问题要果断处理，并在制度上加以完善。

7.4 信息安全管理

7.4.1 信息安全事故产生因素

1. 自我因素

信息安全保障在很大程度上受制于人的自我因素。日常作业中，由于个人的疏忽会对信息安全管理造成严重的影响。因此，需对员工加强信息安全教育、培训和管理，强化信息安全意识和法制观念，提升职业道德，掌握信息安全技术，确保措施落实是做好信息安全管理工作的重要保证。

2. 外来因素

除了自我因素之外，外来因素也会对信息安全管理造成严重的影响，比如计算机病毒（简称病毒）的入侵。数据安全在信息安全中占有非常重要的地位。在业务中对数据的保密性、数据的完整性、数据内容的真实性和可靠性等安全特性的要求很高。因此，病毒一旦入侵，会对信息安全造成不可估量的严重影响。它会造成计算机资源的损失和破坏，不但会造成资源和财富的巨大浪费，而且有可能造成社会性的灾难。

病毒具有传染性、潜伏性、隐蔽性、破坏性等特性。

（1）传染性。计算机病毒会通过各种渠道从已被感染的计算机扩散到未被感染的计算机中，在某些情况下会造成被感染的计算机工作失常甚至瘫痪。当一台计算机染毒，如不及时处理，那么病毒会在这台计算机上迅速扩散，计算机病毒可通过各种可能的渠道，如软盘、硬盘、移动硬盘、计算机网络等传染给其他计算机。当在一台机器上发现了病毒时，往往曾在这台计算机上用过的软盘已感染上了病毒，而与这台机器联网的其他计算机也许也被该病毒染上了。是否具有传染性是判别一个程序是否为计算机病毒的最重要条件。

（2）潜伏性。有些病毒像定时炸弹一样，让何时发作是预先设计好的。比如黑色星期五病毒，不到预定时间一点都觉察不出来，等到条件具备的时候一下子就发作开来，对系统进行破坏。一个编制精巧的计算机病毒进入计算机系统之后一般不会马上发作，病毒可以静静地躲在软盘或计算机里待上几天，甚至几年，一旦时机成熟，得到运行机会，就会四处繁殖、扩散，继续危害。再就是，计算机病毒的内部往往有一种触发机制，不满足触发条件时，计算机病毒除了传染外不做什么破坏。触发条件一旦得到满足，有的病毒在屏幕上显示信息、图形或特殊标识，有的病毒则执行破坏系统的操作，如格式化磁盘、删除磁盘文件、对数据文件做加密、封锁键盘以及使系统死锁等。

（3）隐蔽性。计算机病毒具有很强的隐蔽性，有的病毒可以通过查毒软件检查出来，有的病毒无法查出，有的病毒时隐时现、变化无常，这类病毒处理起来通常很困难。

（4）破坏性。计算机中毒后，可能会导致正常的程序无法运行，计算机内的文件被删除或受到不同程度的损坏。通常表现为增、删、改、移。

7.4.2 信息安全管理对策

1. 培训

强化员工的信息安全意识，规范企业信息安全行为，促使企业管理层贯彻信息安全保障体系，与此同时，还需要对企业的关键信息资产进行全面系统的保护，维持竞争优势。

2. 防毒

提高系统的安全性是防病毒的一个重要方面，但完美的系统是不存在的。一方面，过于强调提高系统的安全性将使系统多数时间用于病毒检查，系统失去了可用性、实用性和易用性；另一方面，信息保密的要求让人们在泄密和抓住病毒之间无法做出选择。加强内部网络管理人员以及使用人员的安全意识，利用计算机系统常用口令来控制对系统资源的访问，这是在防病毒进程中最容易和最经济的方法之一。

3. 防呆

防呆是一种预防矫正的行为约束手段，运用避免产生错误的限制方法，让操作者不需要花费注意力，也不需要经验与专业知识即可凭直觉完成正确的操作。在工业设计上，为了避免使用者的操作失误造成机器或人身伤害（包括无意识的动作或下意识的误动作或不小心的肢体动作），会针对这些可能发生的情况采取预防措施。

4. 备份

如果系统的硬件或存储媒体发生故障，备份工具可以保护数据免受意外的损失。例如，可以使用备份创建硬盘中数据的副本，然后将数据存储到其他存储设备。如果硬盘上的原始数据被意外删除或覆盖或因为硬盘故障而不能访问该数据，那么可以十分方便地从存档副本中还原该数据。文档化和流程规范化：文档化是信息安全管理工作的重要部分。只有将各种管理办法、管理过程、管理要求等通过文档的形式明确，才能保证信息安全管理工作进一步得到落实。管理流程的规范化程度可以体现管理的水平。

7.5 员工健康与安全管理

员工健康与安全管理是指保护员工在劳动过程的安全和身体健康，使之不受到损伤。在生产过程中员工需要使用或接触到各类设备以及工装、工具等，也有的经常需要接触到各种对健康有害的或易燃爆、易引发危险的化学物质，以及生产过程中客观存在的诸多安全隐患，一旦不提高警惕、严格防范，就很可能引发各类安全事故，给企业造成损失，更直接损害员工身体健康甚至危及生命。

安全得到有效保障，员工方能免去后顾之忧，全身心投入生产，企业才能正常经营、运转。员工健康与安全管理无疑是企业生产经营过程的头等大事。

7.5.1 员工健康与安全管理事故产生原因

1. 职业灾害产生

在日常物流作业中，员工健康与安全管理种类包含两大类：职业灾害产生的员工健康与安全管理事故以及操作不慎产生的员工健康与安全管理事故。而职业灾害产生因素包括噪声、气味、强光、化学因素等，尤其是日常工作中的一些有害物品对员工健康与安全危害较大，比如腐蚀品会造成严重的皮肤灼伤和眼睛损伤等；有机过氧化合物会引起皮肤过敏、严重刺激眼睛等。

为了更好地确保员工作业安全，员工需穿戴个人防护装备，应包括但不仅限于以下设备。

（1）安全帽：保护头部免遭受伤，如摔下的物品。

（2）安全手套：保护手指免遭货物边缘锋利或者是危害物质的伤害。

（3）护目镜：使眼部免遭损害。

（4）耳塞：如暴露于噪声超过 85 分贝的环境中，伤害等级达到 1 级，那么就应戴上耳朵保护装置，如耳塞。

（5）耐酸手套：防止手部被腐蚀等。

（6）雨鞋/安全鞋：预防脚部被腐蚀、灼伤等。

2. 操作不慎产生

在现代物流作业中，员工作业过程中操作不慎导致健康与安全隐患时常发生。举例如下。

（1）装卸、搬运等活动违反作业规定。

（2）用电等方面使用不当。

（3）机械设备等操作不当。

在具体作业中，不论人工操作还是机械操作，违反操作规程、疏忽大意都会导致事故的发生。因此，要积极预防物流作业的操作事故，应做到以下几点。

（1）制定明确的安全作业规范。

（2）加强员工安全意识培训。

（3）加强员工操作规范培训。

（4）做好员工安全作业须知的公告等。

物流企业不同工作岗位的作业安全须知参考如下。

（1）搬运工安全须知。

①在工作期间，必须正确穿戴好劳动防护用品（包括橙色工作服、安全鞋、安全帽）。

②在装/卸货作业现场，时刻注意周边环境是否存在风险，仓管员需与叉车保持 2 米

以上安全距离；货车打开飞翼时，与货车保持 2 米以上安全距离。

③进行货物堆高作业，作业高度超过 2 米时，必须借助堆高作业平台进行堆高作业。

④禁止人员直接踩在货物或包装箱上进行堆码，防止踩空、踩偏而摔倒。

⑤严禁在堆高作业平台上打闹跑跳。

⑥在对货车进行装/卸货作业时，必须借助堆高作业平台上下货车；作业人员不得直接攀爬货车或从货车上跳至地面。

⑦在厢式货车中进行装/卸货作业，在车尾时，应注意人员与车尾的距离，防止踩空而摔下。

⑧在平板挂车上进行装/卸货作业，在边沿时，应注意人与车边沿的距离，防止踩空而摔下。

⑨其他具体细则按照企业安全文件如“登高作业安全管理制度”执行。

（2）叉车工安全须知。

①叉车工必须持证上岗，驾驶叉车人员必须取得国家相关部门颁发的特种作业人员资格证方可上岗，禁止无证上岗。

②叉车工在工作期间，必须正确穿戴好劳动防护用品（包括橙色工作服、安全鞋、安全帽）。

③每天作业开始前，叉车工必须按照叉车点检表对叉车进行相关安全检查（包括制动、灯光、喇叭等）。

④叉车行驶过程中，货叉底端离地高度保持 300~400 毫米，不得大于 500 毫米，起升门架须适当后倾。

⑤严禁超载、偏载、超速（作业现场不超过 10 千米/时）行驶。

⑥在交叉或狭窄路口，应小心慢行，并按喇叭随时准备停车；在通过人行通道时，必须遵循“一停、二看、三通过”原则，确保安全前提下通行。

⑦应与其他车辆保持三台自身叉车长的安全距离，会车时除外。

⑧在进行货物装卸时，叉车工需注意周边情况，叉车转弯半径 2 米范围内禁止有其他人员及货物。

⑨叉车在起重升降或行驶时，禁止任何人员站在货叉上把持物件或起平衡作用。

⑩叉车暂时不使用时应关掉电源，拉刹车；驾驶人员离开叉车时，必须将叉车停在安

全位置并拔掉钥匙，禁止人与钥匙分离。

⑪其他具体细则按照企业安全文件如“叉车安全管理制度”执行。

（3）仓管员安全须知。

①在工作期间，必须正确穿戴好劳动防护用品（包括橙色工作服、安全鞋、安全帽）。

②在装/卸货作业现场，时刻注意周边环境是否存在风险。仓管员需与叉车保持 2 米以上安全距离；货车打开飞翼时，与货车保持 2 米以上安全距离。

③搬运工取货时，仓管员与库区内堆放较高的货物保持 2 米以上的安全距离，防止货物倒下砸伤。

④对各自负责区域内的货物堆放情况经常进行检查，包括货物堆放“五距”是否符合要求；消防通道、安全出口是否畅通；照明设施是否完好等。

⑤对搬运工进行必要的安全监护，发现有危险情况及时进行提醒及制止。

⑥其他未尽事宜按照企业有关安全制度执行。

（4）仓库办公室人员安全须知。

①在工作期间，必须正确穿好橙色工作服，在工作现场禁止穿拖鞋。

②正确使用办公所需用电设施，禁止私接乱拉电线，有异常情况及时报修。

③如需进入现场作业区域，按照仓管员的防护要求穿戴防护用品。

④下班离开办公室时，必须切断所有电源（包括电脑、空调、饮水机等）并关好门窗，确认无误后方可上锁离开。

⑤其他未尽事宜按照企业有关安全制度执行。

7.5.2　员工健康与安全管理的要点

1. 上岗前的培训

上岗前的培训是指向新员工介绍企业的健康安全规章制度、企业文化等相关内容。新员工需知道如何在物流作业中保障安全，不仅需要理解企业规章制度，而且还需要识别并降低自己和同事的作业风险，包括使用个人防护装备以及遵循疏散流程。

（1）新员工需要理解以下内容。

①物流作业中保障安全相关的企业规章制度和工作要求。

②全体员工在健康、安全和保障方面的责任。

③同事在健康、安全和保障方面的具体角色职责。

④不同作业所使用的个人防护装备以及正确的使用方法。

⑤健康、安全、保障问题的种类。

⑥不同种类事故中应使用的安全设备和操作程序。

⑦企业的事故和紧急事件处理程序，包括个人的角色和职责。

⑧联络紧急服务的报警系统和操作程序。

⑨可行的逃生路线和集合点的位置。

⑩在报告事故和紧急事件方面的责任。

⑪不同同事的角色和职责。

（2）新员工需要做到以下要求。

①能够遵守健康和安全相关的企业规章制度和工作要求。

②为同事提供支持，检查他们是否一直在遵守安全保障相关规定。

③正确地使用个人防护装备。

④及时识别健康、安全和保障问题。

⑤积极采取行动以防止伤害、盗窃或损坏发生。

⑥识别何时需撤离工作场所，并使用可行的逃生路线和集合地点。

2. 经常性的宣导

企业高层应定期组织员工进行健康与安全培训，定期做消防演习，通过经常性的宣导及培训，让每个员工都了解消防知识，并定期组织实操训练，确保每个员工都会使用消防器材及熟知紧急逃生处理知识。

3. 不定期的抽查（建立抽查制度）

企业高层领导需时刻将企业员工的健康与安全放在首位，组织员工定期参加相关培训，管理人员需高度重视，并需要建立相应的抽查制度，进行不定期的抽查，以确保企业各部门员工不仅具有健康与安全意识，而且付出了实际行动。

7.5.3 员工健康与安全管理办法范例

1. 职业健康安全管理体系

职业健康安全管理体系（Occupational Health Safety Management System，OHSMS），是

20 世纪 80 年代后期在国际上兴起的现代安全生产管理模式。

OHSMS 一般包括七个主要部分：初始状态评审、安全卫生方针、规划、实施与运行、检查与改进措施、审核、定期评审总结。核心内容是安全卫生方针、规划、实施与运行、检查与改进措施、审核这五个部分，同时应做到五个部分循环滚动执行。

职业健康安全管理体系产生的一个重要原因是世界经济全球化和国际贸易发展的需要。世界贸易组织（WTO）的最基本原则是“公平竞争”，其中包含环境问题和职业健康安全问题。

“乌拉圭回合谈判”就已提出：“各国不应由法规和标准的差异而造成非关税壁垒和不公平贸易，应尽量采用国际标准。”

欧美等发达国家认为发展中国家在劳动条件改善方面投入较少，其生产成本降低所造成的不公平不能被接受。他们已经开始采取协调一致的行动对发展中国家施加压力和采取限制行为。

北美和欧洲都已在自由贸易区协议中规定：“只有采取同一职业健康安全标准的国家与地区才能参加贸易区的国际贸易活动。”换句话说，没有实行统一职业健康标准的国家和地区的企业所生产的产品将不能在北美和欧洲地区销售。

我国已经加入世界贸易组织（WTO），在国际贸易中享有与其他成员国相同的待遇，职业健康安全问题对我国社会与经济发展产生潜在和巨大的影响。因此，我国必须大力推广职业健康安全管理体系。

仓储作业受到行业特点的影响，要积极加强员工职业健康安全管理工作，具体可以从以下几个方面着手。

①围绕职业健康安全要求，加强员工培训，提高员工安全风险意识。

②围绕职业健康安全要求，规划仓储和配送作业。

③预防为主，持续改进。

2. 某企业职业健康和安全管理制度范例

1）目的

职业健康和安全管理制度的目的是预防职业病危害，保护劳动者健康，增强员工安全生产意识，确保生产安全。

2）适用范围

（1）适用于本企业范围内的职业健康和安全管理。

（2）职业病是指企业、事业单位和个体经济组织（统称用人单位）的劳动者在职业活动中，因接触粉尘、放射性物质和其他有毒、有害物质等因素而引起的疾病。

（3）职业病危害是指从事职业活动的劳动者可能患有职业病，从而带来各种危害。

（4）本企业职业病危害因素：无。

3）职责

（1）主要负责人对本企业职业健康和安全管理全面负责。

（2）安全主任负责为易得职业病岗位的相关工作人员做安全培训，监督检查员工佩戴劳保用品的情况。

（3）各班组负责人每日巡查员工佩戴劳保用品的情况，负责作业场所职业卫生隐患检查及治理。

（4）企业组织对接触职业病危害因素的劳动者进行职业病检查，并建立相关的健康监护档案。

4）工作程序及要求

（1）职业病危害的预防及现场管理。

①职业病防治工作坚持“预防为主，防治结合”的方针，实行分类管理，综合治理。

②员工依法参加工伤社会保险，确保职业病劳动者依法享受工伤社会保险待遇，工伤保险的缴纳由企业负责。

③定期组织有关职业病防治的宣传教育，普及职业病防治知识，增强职业病防治观念，提高劳动者自我健康保护意识。宣传教育由安全主任负责。

④员工应当学习和掌握相关的职业卫生知识，遵守职业病防治法律、法规、规章和操作规程，正确使用、维护职业病防治设备和个人使用的职业病防护用品，发现职业病危害事故隐患应当及时报告。

⑤企业应提供符合防治职业病要求的职业病防护设备和个人使用的职业病防护用品，要经常性地维护、检修，定期检测其性能和效果，确保处于正常状态，不得擅自拆除或者停用。

⑥每年对工作场所进行职业病危害因素检测。检测结果存入企业职业卫生档案。应当

在醒目位置设置公告栏，公布有关职业病防治的规章制度、操作规程、职业病危害事故应急救援措施和职业病危害因素检测结果。

⑦不安排孕期、哺乳期的女职工从事对本人和胎儿、婴儿有危害的作业。

⑧可能产生职业病危害的建设项目在可行性论证阶段应当向卫生部门提出职业病危害预评价报告，对职业病危害因素和工作场所及职工健康的影响做出评价，确定危害类别和职业病防护设施。其职业病防护设施费用应当纳入建设项目工程预算，并与主体工程同时设计，同时施工，同时投入生产和使用。

⑨企业生产流程、生产布局必须合理，应确保有毒物品作业场所与生活区分开，作业场所不得住人。有害作业与无害作业分开，有毒物品作业场所与其他作业场所隔离，使从业人员尽可能减少接触职业病危害因素。

⑩按规定在可能发生急性职业损伤的有毒物品作业场所设置警示标志、报警设施、冲洗设施、防护急救器具专柜，设置应急撤离通道和必要的泄险区。确定责任人和检查周期，定期检查、维护、记录，确保其处于正常状态。

（2）职业健康检查的管理。

①企业负责组织接触职业病危害因素的作业人员进行岗前、在岗期间、离岗职业健康检查。不得安排未进行职业性健康检查的人员从事接触职业病危害因素作业，不得安排有职业禁忌证者从事禁忌的工作。

②企业对职业健康检查中查出的职业病禁忌症者以及疑似职业病者，应根据职防机构提出的处理意见，安排其调离原有害作业岗位、诊断、治疗等，并进行观察。发现存在法定职业病目录所列的职业危险因素，应及时、如实向当地安监管理部门申报并且接受其监督。

③企业按规定建立健全员工职业健康监护档案，并按照国家规定的保存期限妥善保存，生产部对在生产作业过程中遭受或者可能遭受急性职业病危害的员工应及时组织救治或进行医学观察，并记入个人职业健康监护档案。

④体检中若发现群体反应，并与接触有毒、有害因素有关时，企业应及时对生产作业场所进行调查，并会同政府有关部门提出防治措施。

⑤所有职业健康检查结果及处理意见，均需如实记入员工职业健康监护档案，并由企业自体检结束之日起一个月内，反馈给体检者本人。

⑥应严格执行《女职工劳动保护特别规定》及其他女工劳动保护法规条例，及时安排女工健康体检。安排工作时应充分考虑和照顾女工生理特点，不得安排女工从事特别繁重或有害妇女生理机能的工作；不得安排孕期、哺乳期（婴儿一周岁内）女工从事对本人、胎儿或婴儿有危害的作业；不得安排生育期女工从事有可能引起不孕症或妇女生殖机能障碍的有毒作业。

（3）职业健康教育与培训。

①安全主任每年至少应组织一次全体员工安全培训，必须培训职业病防治的法规、预防措施等知识。

②生产岗位管理和作业人员必须掌握并能正确使用、维护职业病防护设施和个人使用的职业病防护用品，掌握生产现场中毒自救、互救基本知识和基本技能，开展相应的演练活动。

③使用与贮存危险化学品以及处于生产性粉尘、噪声等环境中的从事职业病危害作业岗位的员工必须接受上岗前职业卫生和职业病防治法规教育、岗位劳动保护知识教育及职业病防护用品使用方法的培训，经考试合格后方可上岗操作。

7.6 小结

本章主要从五个方面介绍了物流仓储的安全管理，首先，对物流安全管理进行概述；其次，分别从仓储安全管理、配送安全管理、信息安全管理、员工健康与安全管理进行分类阐述，分别概述了仓储安全管理、配送安全管理、信息安全管理、员工健康与安全管理的种类，并针对各种安全管理因素的产生，给出了相应的预防和解决办法；最后，介绍了每种安全管理办法范例以及相应的管理制度，从而更好地对物流安全管理做出贡献。

单元1 概　述	单元2 仓储与配送组成要素	单元3 仓库布局及物流设施	单元4 仓储作业
单元5 配送作业	单元6 信息处理	单元7 物流安全管理	单元8 物流信息系统与智能化

单元 8　物流信息系统与智能化

学习目标

通过学习本单元，你应该能够：

1. 了解物流信息系统的重要性
2. 了解物流信息系统的种类及基本功能
3. 了解物流作业信息系统的基本功能模块和功能
4. 理解物流信息管理系统的相关知识和信息决策
5. 了解物流智能化相关知识

8.1 物流作业信息化

8.1.1 物流作业信息化概述

1. 辨别物流作业水平

物流作业是指企业实现物流功能时所进行的具体操作活动，企业物流作业的目标包括如下几个方面。

（1）快速响应。企业物流作业目标中最基本的要求，关系一个企业能否及时满足客户的服务需求。

（2）最低库存。企业物流作业目标中最核心的要求，同资产占用和相关的周转速度有关。

（3）集中运输。企业物流作业中实施运输成本控制的重要手段之一，往往降低了企业物流的响应时间。

（4）最小变异。变异是指破坏系统作业表现的任何未预期到的事件，它可以产生于物流作业的任何地方。

（5）质量。物流作业在不断地寻求客户服务质量的改善与提高。

（6）生命周期支持。绝大多数产品在出售时都会标明其使用期限。

随着行业的发展，企业为了实现利润最大化，将科技应用于物流作业，产生了巨大的经济效益。

2. 采用物流信息化的原则

（1）物流信息系统所存储的信息，必须具有简易而且持续的可获取性。物流信息系统必须能够快速而准确地将以书面为基础的信息转化为电子信息，保证第一时间向信息需求者提供简易、快捷的信息。从而减少企业作业上和制订计划上的不确定性，减少损失和浪费。

（2）信息的精确性。系统的物流信息必须能够精确地反映企业当前的状况和定期活动，以衡量顾客的订货和存货水平。信息越是准确，企业发生不确定性运作情况就越少，缓冲存货或安全存货的需求量也越少。

（3）信息的及时性。物流信息的及时性要求一种活动发生时，与该活动在信息系统内可见的时间耽搁应尽可能最小，就是说系统必须及时地更新系统内的信息。这也是物流信息化最基本的原则。

（4）信息系统的灵活性。物流信息系统必须具有高度的灵活性，以满足用户和顾客的多样化需求。企业物流信息系统必须有能力提供迎合特定顾客需要的数据。

（5）系统界面的易操作性。物流信息系统必须易于操作，一方面便于使用操作，另一方面也提升了工作效率。适当的系统界面要求向决策者有效地提供所有相关的信息，避免管理者通过复杂的操作才能达到相应的要求。

8.1.2 仓储管理系统

仓储管理系统（Warehouse Management System，WMS）是用来管理仓库内商品信息的软件系统，它的功能是单据打印和商品信息数据管理，对货品进行实时动态管理，为用户在制订生产和销售计划，及时调整市场策略等方面提供持续、综合的参考信息。WMS 系统结构如图8-1所示。

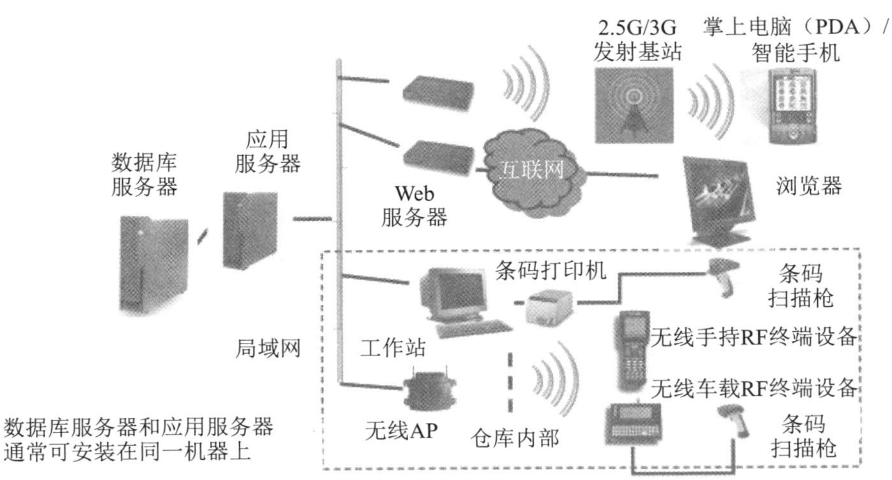

图 8-1 WMS 系统结构

1. WMS 设计原则

配送中心 WMS 有三大功能要求，一是物流业务运营，二是分拣系统监控，三是内部管理。为保障系统的各项性能，达到系统的目标，在信息系统设计过程中应该遵循如下原则。

（1）系统性原则。每个 WMS 均为物流信息平台的组成部分，必须确保系统的完整性，实现无缝对接。

（2）适用性原则。适用性是物流系统开发质量体系中重要的指标，系统不仅应适用于当前实际的运行环境和功能需求，而且还必须具有应变能力，以适应未来变化的环境和需求。

（3）先进性与可扩展原则。采用先进的、有发展潜力的信息技术。

（4）标准化以及开发性原则。在计算机系统总体结构设计中，所有软硬件产品的选择必须坚持标准化原则，选择符合开放性和国际标准化的产品和技术；在应用软件开发中，数据规范、指标代码体系都必须遵循物流专业规范要求。

（5）安全与保密原则。为保障系统正常的审查作业，特别是为了自动化设备系统的正常运行，WMS 系统应为一个完整的计算机子系统配置一台主服务器，CPU、RAM 等配置较高，为确保应用系统的稳定性和并发处理能力，应配置一台备份服务器，用于库存数据和网络通信；同时在两台服务器上进行应用系统和业务数据的双备份，确保服务器出现故障时，仍不会影响系统运行。

系统对连续运行设有安全保障，对业务数据具有备份和恢复功能，为满足整个系统的物流作业和管理要求，应对进入系统的用户设有档案记录，对所有登录用户的访问系统备有访问日志和交易日志，同时，业务数据被分级加密，按不同授权分级访问。

WMS 必须有高可靠性，并对使用信息进行严格的权限管理。在技术上，采用严格的安全与保密措施，确保系统的可靠性、保密性和数据的一致性。同时，制定必要的管理规章制度，确保投入运行后系统能正常运行。

2. WMS 功能模块

WMS 系统基本功能模块如图 8-2 所示。下文中将对 WMS 系统的功能模块进行详细介绍。

（1）采购作业模块。

采购作业是配送中心物流和信息流的起点，因此，此模块的目的是从采购活动发生开始，有效追踪货物的数量与状态，并为货物正确地验收入库做好准备。此模块的基本功能如下。

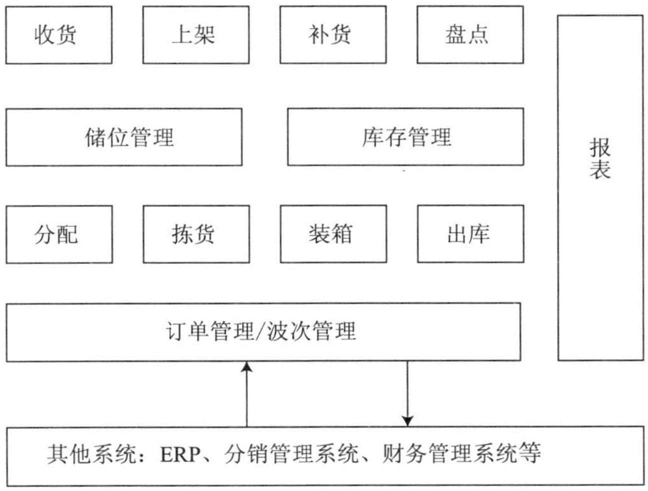

图 8-2　WMS 系统基本功能模块

①供应商基本资料维护。记录供应商的代号、简称、全称、负责人、联络人等基础资料，还要记录该公司的付款条件、应付金额累计等。

②供应商产品基本资料维护。记录供应商的产品，并把供应商与其提供的产品进行关联，在以后输入产品的时候就可以自动跳出供应商的名字。由于各个供应商的产品编号未标准化，会有不同供应商产品相同编号的情况发生，所以要建立供应商产品代码对应配送中心产品代码的对应系统。

③供应商报价单维护。记录并维护厂商的报价资料，包括供应商代号、产品规格数量、报价及有效时间、供应商信用等各细节，以此作为采购决策的依据。

④采购单据维护。采购单上记录采购商品的品名、规格、数量、采购价格、应付账款以及预计进货日期等各项细节将有利于库存的掌握和卸货月台的安排等，并能够打印采购单或输出的 Excel。

⑤采购合同管理。建立维护采购合同资料，包括增加、修改、删除、查询采购合同，合同档案管理等。

⑥采购异常管理。由于各种原因，采购过程会发生一些异常，比如，一张采购单多次进货。对于这些异常，要在信息系统上加以处理。这些需视各配送中心的不同需求而进行不同的设计。

⑦付款申请。销货发票与材料接收后，应自动向财务系统提出该项付款的申请。

（2）进货入库作业模块。

进货入库作业是指从货品运到配送中心开始，经过卸货、验收，然后把货品入库并置货到储位上的这一段作业。此模块的基本功能如下。

①入库验收。入库单的增加、修改、删除。审核入库单后自动增加库存。根据验收单来生成入库单，并在入库单上记录验收单号，以便对照验收—入库的状况。

②入库商品储位录入。视具体作业情况，可先为货品分配储位，再置货上架；也可先置货上架，再根据储位登记表录入储位信息。根据实际录入情况审核入库单，增加库存。如果采用 RF 系统入库，此功能可以不要。

③入库明细查询。导出入库查询结果到 Excel。建立入库明细报表。

（3）储位管理模块。

储位管理是一种先进的货品在库管理方法，它是库存准确、先进先出、实时掌握在库货品状况、准时配送的必要条件。此模块的基本功能如下。

①储位信息维护。设置储位编号、商品编号、品名、数量、规格、生产日期等，可通过此功能直接修改储位信息。

②储位信息查询。导出储位信息查询结果到 Excel，可生成储位信息明细报表，按生产日期汇总报表。

③储位修改记录。根据各种查询条件查询每一次储位修改的内容，包括修改前和修改后的商品信息，以便储位出现问题时查找原因。

④整仓。设置原储位编号、新储位编号以及调整数量，从而对储位进行整仓。

⑤补货表。如果采用电脑补货，则此功能可以生成补货表，从而根据此表进行补货。

（4）库存管理模块。

库存管理是物流信息系统最基本也是最重要的功能之一，其基本管理目标是确保库存的准确。此模块能反映在库货品的库存变化过程以及发展趋势，并可以从多方面去查看库存，提供基本的库存分析报告，帮助评价库存管理的绩效。此模块的基本功能如下。

①盘点表。根据各种条件生成盘点表。

②盘点差异处理。对实际储位数据做差异处理，调整系统的储位信息。可以查询储位数量和库存数量的损益。

③库存调整。对库存调整单进行增加、删除、修改、查询、审核等，审核成功后调整库存数据。也可以根据盘点表的数据，批量调整库存。

④盘点差异查询。对盘点表明细进行查询、盘差分析等。

⑤商品库存查询。根据各种查询条件查询商品良品和不良品库存；根据时间查询良品和不良品进出库明细；查询库存与储位差异；查询商品周转率等。

⑥良品、不良品进出库查询。根据查询条件对这段时间内良品、不良品的进出库进行汇总，包括期初、期末、入库、出库和结存，导出查询结果，计算下一周期的期初库存。

⑦到期日期预警。设定货品保质到期日期，例如，保质期的 1/2 或 1/3 等，当货品保质期超过设定日期时，自动报警提醒，以便仓管员及时进行处理。

⑧缺货预警。当库存低于安全库存时，系统应自动报警提醒，并将缺货报告自动传送到采购作业模块。

（5）订单回单管理模块。

订单回单管理涉及配送中心与客户的互动作业，从客户下单、配送中心接单、订单资料输入处理到回单资料的返回、客户应付账款的申请等，这些数据处理都离不开双方的相互配合。订单回单管理在接到订单之后，主要的处理作业是将其输入系统建立资料档案，根据库存情况进行订单状态确认，例如，如果库存不够、送货日期不急，可以将其设为暂停发货。当该订单对应的回单资料返回时，该订单可以结案，并将其导入历史表中。

配送途中的破损或客户的拒收等都会导致配送出去的货品不一定完全送到或被接收。于是，发货时的数量和客户实际收到的数量会有差异，这些差异处理不好，会导致库存不准、收款不清、客户抱怨等问题。所以，作为配送过程的最后一个环节——回单管理，应该得到足够的重视和完善的管理。

订单回单管理模块的主要功能归纳如下。

①订单维护。订单的增加、修改、删除、查询等。为了跟踪订单信息，可以将订单按不同的处理阶段进行标记，如可设置为订单处理阶段、拣货处理阶段、装载上车阶段、配送运输阶段、客户签收阶段、等待回单确认阶段、确认完成阶段等。

②订单处理。订单状态的改变，包括“等待处理—再发货”“暂停发货—可以发货”“可以发货—暂停发货”等。

③拣货处理。对所有订单状态为可用发货的订单进行拣货处理。提示所有库存不足的

商品，人工确认是否发货。

④预定送货日期管理。将客户送货时间要求作为订单处理批次分类的依据。

⑤订单备份。将结案的订单导入历史表或者将订单从历史表中导出。

⑥回单核单、差异处理。对所有回单进行回单确认，如果有差异则做差异处理。差异处理有拣货差异和收货差异两种，一般做完差异处理后就不能重新再做差异处理，如果需要重新做，则需要用高级管理员或主管的权限来处理。

⑦回单信息处理。按照回单资料对订单进行处理，送货有差异的要减去差异部分，算出客户实际收货数、应收款项等，并将本张订单的收款申请书传送到财务部。

⑧回单清单。根据各种查询条件查询回单明细，包括回单已回、回单未回、未送客户或所有回单等。

⑨差异明细查询。根据各种查询条件查询所有差异明细，包括拣货差异、收货差异，差异原因汇总查询。

（6）拣货作业模块。

拣货作业是配送中心的重要作业环节之一，相比而言，它耗费的作业时间最多，拣货效率的高低直接影响到配送速度的快慢，乃至影响配送中心运营的好坏。因此，在规划物流配送中心时，对拣货效率影响最大的因素即拣货模式的选择至关重要，基本的拣货模式主要有两种：摘取式和播种式。

①摘取式拣货，又叫订单别拣货，是指按照每张订单所示去拣取货品的拣货方式，这种方式的作业弹性大，临时性的产能调整比较容易，适合客户少样多量订货、订单数量变化复杂、分类作业较难进行的配送中心。

②播种式拣货，又叫商品别拣货，是将一批订单合并，其中的同种货品一起拣取，然后再根据订单别分开的拣货方式。这种方式通常适合配送中心系统化、自动化后产能调整能力较小的情况，适合客户多样少量订货、订单数量稳定、需要进行流通加工作业及分类作业较易进行的配送中心。

拣货方式比较如下表所示。

拣货方式比较表

	订单别（摘取）	商品别（播种）
优点	可依局部出货，弹性较大； 适合少品项、大批量； 不需统计即能作业	品项合计后、拣货效率较高； 盘点时，较不易发生盘亏现象； 适合多品种、小批量出货
缺点	拣货者的步行距离长； 拣货单必须配合货架储位号码	增加出货前的分货作业； 全部作业没有完成前，无法出货

拣货模式选定之后，拣货作业模块拣货表的处理方式就定下来了。一般而言，拣货作业模块主要功能如下。

① 拣货计划。在所有完成排车的车辆中选择需要进行拣货的车辆，根据该车所分配的订单和既定拣货模式，生成门店拣货表和车辆拣货表。车辆拣货表将会为每一件商品分配储位。例如，某配送中心分配储位原则：先拣货区再保管区，保管区按生产日期拣货（拣货区不管生产日期），然后将符合要求的储位按走道顺序排列（一条走道左右两边交叉拣货）。

② 拣货表查询。查询车辆或门店拣货表信息。

（7）返品管理模块。

对于物流配送中心来讲，返品管理也是很大的一块作业，特别是节日过后，各大卖场、超市纷纷将节前囤积的货品退回，有时退货量甚至超过出货量。返品不仅包括退货，还包括调换回来的货品和送货差异货品。有时调回货品也看作退货。由于配送过程中货品破损、受潮或日期不好或配送错误等原因引起的客户拒收而导致运回的货品称为差异货品。这些返品一定要及时正确处理，否则会引起库存不准、储位不准等一系列问题。在处理这些返品时，一定要注意尽量做到实物入库和单据入电脑同步。一些物流配送中心会在此环节出问题，货品入库了，但相关单据没有及时处理，库存没增加，一方面导致库存不准，另一方面会耽误出货，因为该货品在电脑中无记录。返品管理模块的主要功能如下。

①退货处理。对退货单进行增加、修改、删除、查询、审核等，审核成功后增加库存。

②退仓处理。退仓是指将货品退回供应商。在此功能下，可以对退仓单进行增加、修改、删除、查询、审核等。审核成功后减少库存。

③报损处理。对报损单进行增加、修改、删除、查询、审核等，记录货品报损情况。

④移库处理。将良品库的不良品移入返品库或将返品库的良品移入良品库时应开具移库单，它提供移库单的增加、修改、删除、查询、审核等信息，审核后，若库存改变，则根据移库类型（良品库—返品库或返品库—良品库）分别减少或增加库存。

3. WMS 的技术支持

WMS 集成了信息技术、无线射频技术、条码技术、电子标签技术、Web 技术及数据库接口技术等，将仓库管理、无线扫描、电子显示、Web 应用有机地组成一个完整的仓储管理系统，从而提高作业效益，实现信息资源充分利用，加快网络化进程。其中的关键技术主要有无线射频技术（Radio Frequency Techology），电子标签技术，数据库接口技术。

1）RF 系统

WMS 如果缺少了 RF 系统的有力支持，仓储水平未必能有大幅度的提高，完善的 WMS 离不开 RF 系统的支持。WMS 的高效率运作以快速、准确、动态地获取货物处理数据作为其系统运行的基础。而 RF 系统使 WMS 实时处理数据成为可能，从而大大简化了传统的工作流程。如把原来的移动码 50 余种简化为一两种。实践证明，以 RF 系统为基础的 WMS，无论在确保企业实时采集动态数据方面，还是在提高企业效率与投资回报率方面都具有很大的优势。无线射频技术是一种非接触式的自动识别技术，它通过无线射频信号自动识别目标对象并获取相关数据。识别工作无须人工干预，可以工作于各种恶劣环境。

2）电子标签技术

电子标签即射频卡，又称为感应卡，是一种通过无线电波读取卡内信息的新型科技 IC 卡，它成功地解决了无源和免接触这一难题。在实际应用中，电子标签附着在待识别物体的表面。阅读器可以无接触地读取并识别电子标签中保存的电子数据，从而达到自动识别的目的。将阅读器和电脑相连，所读取的标签信息将被传送到电脑上进行下一步的处理。

3）数据库接口技术

WMS 能否与企业资源管理系统等实现无缝连接，是评价其功能实现与否的重要因素，也是企业尤其是制造企业在实施供应链管理或物流一体化管理的重要基础。若无此基础，企业是不能有效实施快速响应（QR）战略或有效客户响应（ECR）战略的，而该基础是通过数据库接口技术来实现的。

4）语音拣选技术

语音拣选技术是最新的无线拣选技术，语音拣选代替了传统的纸质拣选单、无线终端拣选过渡到语音技术后，便实现了实时、准确、交互、及时确认等功能，提升了拣选效率，大大降低了差错率。

8.1.3 物流运输管理信息系统

1. 物流运输管理系统的功能与模块

运输是物流中的重要环节，运输时间及成本占有相当比重。现代运输管理是对运输网络的管理，在运输网络中传递着不同区域的运输任务、资源状态、状态跟踪、信息反馈等信息，手工控制运输网络信息效率低、准确性差、反应迟缓，无法满足客户需求，特别是烟草行业、医药行业、家电行业、IT 行业、鲜花行业等，要求以最快的速度、最低的成本完成运输作业，并能够及时掌握货物状态。

运输管理系统（Transportation Management System，TMS）是基于网络环境开发的支持多网点、多机构、多功能作业的立体网络运输管理软件。TMS 通过衡量、分析、规范运输作业流程，运用现代物流管理方法进行货物分拨、配送过程中的运输管理调度。运输管理系统如图 8-3 所示。

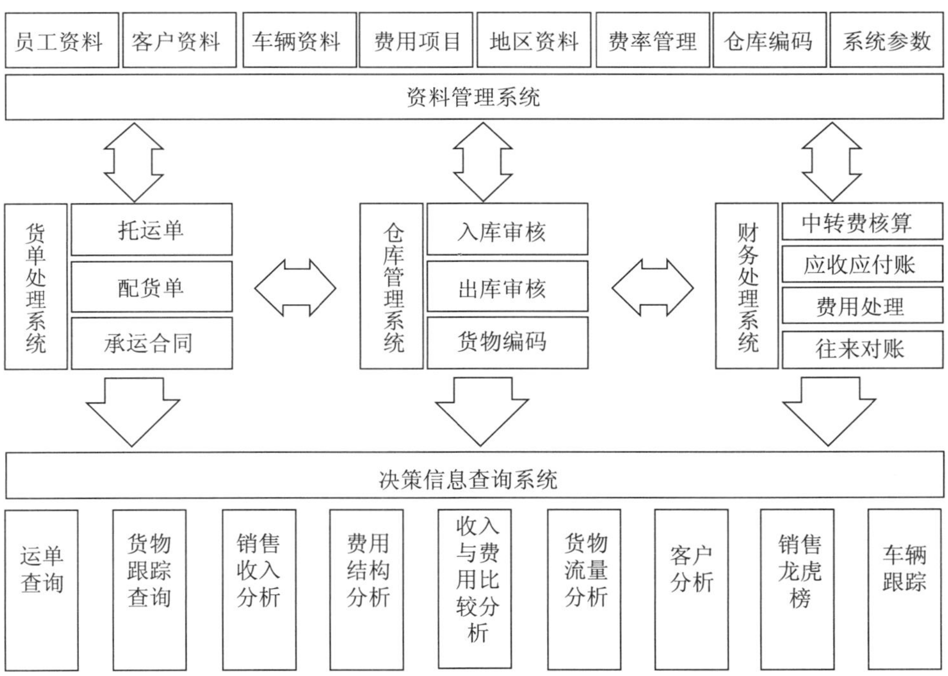

图 8-3　运输管理系统

TMS 采用先进的软件技术实现计算机优化辅助作业，对于网络机构庞大的运输体系，

TMS 能够协助管理人员进行资源分配、作业配合、路线优化等操作。TMS 与 RF 系统、GPS/GIS 可以实现无缝连接，通过物流条码化，实现全自动接单、配载、装运、跟踪等。

TMS 具有以下基本功能。

（1）接单：通过 TMS 与客户 ERP 的接口，实现自动接单，或通过业务人员电话、传真接单，然后录入 TMS。

（2）调度：调度作业是运输的中心作业。调度需要准确及时掌握企业内外可以利用的资源状态、任务状况，负责对各项任务分配资源并控制作业进程；由于调度的工作烦琐、复杂、多变，通过人工完成的大量的调度作业经常出现差错或资源使用不合理，导致作业效率低。TMS 实现计算机辅助作业，优化资源利用效率，自动组合同类作业，确保作业准确性。

（3）跟踪与反馈：对货物状态的跟踪与及时反馈是体现服务水平获得竞争优势的基本功能。TMS 通过与 GPS 进行无缝连接，真正做到对货物状态的实时跟踪。TMS 能够按照不同要求为客户提供定时的状态信息反馈。

（4）费用管理：TMS 可列出每一笔业务的实际活动成本和实际收益，以便管理人员分析利润来源及确定进一步的业务发展方向。同时，TMS 能够对相同的作业进行对比分析，对各种可利用资源进行成本控制。

（5）作业优化：TMS 能够实现作业优化，如充分利用返程车资源、优化运输线路等，有效地利用资源、降低成本。

2. TMS 技术支持

GPS 的全称为全球定位系统。技术基础是卫星导航定位技术，它是具备全球性、全天候等特点的卫星导航定位体系。它主要包括全球卫星系统、实时监控体系和信息接收体系三个部分。GPS 可以在全球范围内，为客户提供准确性高、全天候实时监控数据以及为客户提供所需的定位信息。

GPS 在现代物流管理中的应用如下。

（1）车辆定位监控。

（2）物流监控。

（3）物流查询。

（4）总体指挥。

（5）全程导航。

（6）紧急援助。

8.2　物流作业自动化

8.2.1　物流作业自动化概述

物流作业自动化是指物流作业过程的设备和设施自动化，包括运输、装卸、包装、分拣、识别等作业过程，如自动识别系统、自动检测系统、自动分拣系统、自动存取系统、自动跟踪系统等。

物流作业自动化是充分利用各种机械设备、计算机系统和综合作业协调等技术手段，通过对物流系统的整体规划及技术应用，使物流的相关作业和内容省力化、效率化、合理化，从而快速、精准、可靠地完成物流的过程。

物流作业自动化的设施包括条码自动识别系统、自动导引运输车系统（AGVS）、货物自动跟踪系统（如 GPS）等。物流作业自动化的系统有信息引导系统、自动分拣系统、条码自动识别系统、语音自动识别系统、射频自动识别系统、自动存取系统、自动跟踪系统。

物流作业自动化在物流管理各个层次中发挥着重要的作用。它包括物流规划、物流信息技术等各种软技术和硬技术。物流作业自动化在国民经济的各行各业中起着非常重要的作用，有着深厚的发展潜力。随着研究力度的不断加大，物流自动化技术将在信息化、绿色化方面进一步发展，其各种技术设备（如立体仓库等）和管理软件也将得到更大的发展和应用。

1. 物流作业自动化的发展

2018 年以来，在制造业与电子商务迅猛发展的情况下，物流作业自动化逐渐在物流的各个环节被普及，我国物流自动化的发展可以从自动化立体仓库、自动化输送系统、自动化分拣系统三个方面的发展与使用情况进行讨论。

在自动化立体仓库发展与使用上，美国处于领先地位，早在 1953 年，美国就投入使用了自动化立体仓库。我国对于自动化立体仓库的研制开发是在 20 世纪 70 年代初期，正式投入使用是在70年代末期。据相关数据统计，21世纪第1个10年末，我国自动化立体仓库使用数量已经超过1000座，使用范围已经涉及各行各业。随着近几年的不断发展，我国自动化立体仓库技术越来越成熟，已经进入行业大规模使用阶段。

相比自动化立体仓库，我国自动化输送系统发展较为成熟。在技术层面，20世纪80年代已经基本成熟。进入21世纪以来，自动化输送系统更是取得了飞跃式发展，高速输送机、自动导引运输车（AGV）等都已经实现国产化，且在各行各业均已普及。

在自动化分拣系统方面，其在我国的发展经历了从模仿到自主研制的过程，最早应用于邮政领域。近年来，随着各行各业的发展，尤其是电子商务的发展，自动化分拣系统的应用进入了全新阶段，应用领域已普及各大电商物流配送中心、机场等。据相关统计，我国自动化分拣系统市场需求年达数百套。

总的来说，目前我国自动化发展起步晚，但势头强劲。我国自动化的发展给物流行业带来了不少优势。

（1）由于采取了计算机控制管理，各受控设备完全自动地顺序完成作业。使货物周转管理与作业周期缩短，同时仓库吞吐量相应提高，并使其适应现代化生产的需要。提高了仓储管理水平。

（2）提高自动化作业程度和仓库作业效率，节省劳动力，提高了生产率。

（3）储存量小，占地面积小，货物互不堆压，存取互不干扰，保证了库存货物的质量。

2. 采用物流作业自动化的原则

1）适用性原则

适用性是针对自动化物流设备是否具有运送货物的能力而言的，包括适应性和实用性。物流企业在选择自动化物流设备时，要充分考虑物流作业的实际需要，所选设备要符合货物的特性和货运量的大小，能够在不同的作业条件下灵活方便地操作。实用性涉及恰当选择设备功能的问题。自动化物流设备并不是功能越多越好，因为在实际作业中，并不需要太多的功能，如果设备不能被充分利用，则造成资源和资金的浪费。同样，功能太少也会导致物流企业的低效率。因此要根据实际情况正确选择自动化物流设备功能。

2）先进性原则

先进性原则的先进性主要是指自动化物流设备技术的先进性，主要体现在自动化程度、环境保护、操作条件等方面。但是先进性必须服务于适用性，尤其是要有实用性，来取得经济效益的最大化。

3）最小成本原则

最小成本原则是指设备的使用费用低、整个寿命周期的成本低。有时候，先进性和最小成本会发生冲突，这就需要物流企业在充分考虑适用性的基础上，进行权衡，做出合理选择。

4）可靠性和安全性原则

可靠性和安全性原则日益成为选择自动化物流设备、衡量物流设备好坏的主要因素。可靠性是指设备按要求完成规定功能的能力，是设备功能在时间上的稳定性和保持性。但是可靠性不是越高越好，还必须考虑成本问题。安全性要求设备在使用过程中保证人身及货物的安全，并且尽可能地不危害环境，符合各项环保要求。

8.2.2 自动存取系统

自动存取系统（Automated Storage and Retrieval System，AS/RS）是指不用人工直接处理、自动存储和取出货物的系统，是采用高层货架储存货物，用起重、装卸、运输机械设备进行货物出库和入库作业的系统。AS/RS 主要通过高层货架充分利用空间存取货物，所以又称为“自动化高架仓库系统”，也有的称为“自动化立体仓库系统”，自动化高架仓库的最大高度已达 40 多米，最大库存量可达数万甚至 10 多万个货物单元，可以做到无人操纵按计划入库和出库的全自动化控制，并且对仓库的管理可以实现计算机网络管理。自动化仓库技术是现代物流技术的核心，它集高架仓库及规划、管理、机械、电气于一体，是一门综合性的技术。

1. 自动存取系统的优越性

自动化立体仓库系统（AS/RS）是现代物流系统的重要组成部分，是一种多层储存货物的自动化高架仓库系统，一般有自动控制系统、监控系统、仓储管理系统（WMS）、高层货架、巷道堆垛机、自动出入库系统、机器人码垛系统。通过巷道堆垛机将货物送至仓库货架前，由巷道堆垛机实现自动出库和入库，整个过程通过计算机网络化管理和自动控制系统完成。广泛应用于机械行业、轻工行业、物资行业、医药行业、配送行业、后勤服务行业、烟草行业等。

自动化立体仓库最大化利用了空间，整合了物流资源，优化了物流程序，缩短了物流作业周期，提高了物流效率，并降低了物流成本，在建设自动化立体仓库的同时，实现了物流标准化和规范化。它能优质、高效地保证货物的综合管理、控制和配送，因此AS/RS是集取送、储存和需求预测等多功能为一体的高度的自动化、信息化的物流系统。

自动化立体仓库系统（AS/RS）的优越性

①提高空间利用率。自动化立体仓库的空间利用率与其规划紧密相连。一般来说，自动化立体仓库的空间利用率为普通平库的数倍或数十倍，在当今土地价值很高的情况下，空间储存受到人们的青睐。

②便于形成先进的物流系统，提高企业生产管理水平。自动化立体仓库系统采用先进的自动化物料搬运设备，不仅能使货物在仓库内按需要自动存取，而且可以与仓库以外的物流设备（如输送机、RGV/AGV等）进行有机连接，并通过计算机管理系统和自动化物料搬运设备使仓库成为企业生产物流中的一个重要环节。从而形成一个自动化的物流系统，这是一种“动态储存”，也是当今自动化仓库发展的一个明显的技术趋势。

③加快货物的存取节奏，减轻劳动强度，提高生产效率。自动化立体仓库系统的优越性还表现在具有快速的出入库能力，能快速、妥善地将货物存入高架库中（入库），也能快速、及时、自动地将货物送出（出库）。

④减少库存资金积压，并节省人力。AS/RS通过有效的管理手段和WMS的管理理念，及时、准确地将货物信息和数据传递到企业需要的部门或者集团总部，减少了库存资金的积压，并通过设备运行的全自动化节省了大量的库管人员。

2. AS/RS的功能

依据仓储的基本功能，可以将自动化立体仓库的功能分为收货、存货、取货、发货和信息查询五个部分。

1）收货

仓库从供应商或生产车间接收各种材料、半成品或成品，供生产或加工装配使用。

2）存货

存货是指将卸下的货物自动存放到自动化系统规定的货位。

3）取货

依据客户需求，发送取货指令，系统自动从货位取下所需货物，并输送到发货位置，通常采用先进先出（FIFO）的方式。

4）发货

自动化立体仓库系统同样拥有普通仓库所具有的发货功能，从库位取下的货物按要求发往客户。

5）信息查询

自动化立体仓库系统具有随时可以查询仓库有关信息的功能，其有效运作依赖于信息系统的支持，其可以查询的信息包括库存、作业以及其他等。

8.2.3 自动分拣系统

自动分拣系统（Automatic Sorting System）是先进配送中心所必需的设施条件之一。其具有很高的分拣效率，通常每小时可分拣6000~12000箱；可以说，自动分拣系统是提高物流配送效率的一项关键因素。该系统目前已经成为发达国家大中型配送中心不可缺少的一部分。

1. 自动分拣系统的组成

自动分拣系统一般由控制装置、分类装置、输送装置及分拣道口组成。

（1）控制装置的作用是识别、接收和处理分拣信号，根据分拣信号的要求指示分类装置，按货物品种、货物送达地点或货主的类别对货物进行自动分类。可以通过不同方式（如通过条码扫描、键盘输入、重量检测、语音识别、高度检测及形状识别等）将这些分拣需求输入分拣控制系统中，通过对这些分拣信号进行判断来决定某一种货物该进入哪一个分拣道口。

（2）分类装置的作用是指当具有相同分拣信号的货物经过该装置时，根据控制装置发出的分拣指示，该装置产生动作，改变其在输送装置上的运行方向，从而进入其他输送机或进入分拣道口。分类装置的种类很多，一般有推出式、浮出式、倾斜式和分支式，不同的装置对分拣货物的包装材料、包装重量、包装物底面的平滑程度等有不完全相同的要求。

（3）输送装置的主要组成部分是传送带或输送机，其主要作用是使待分拣货物通过控制装置、分类装置，并将待分拣货物输送至装置的两侧，一般要连接若干分拣道口，使分好类的货物从主输送机（或主传送带）滑下以便进行后续作业。

（4）分拣道口是已分拣货物脱离主输送机（或主传送带）进入集货区域的通道，一般由钢带、皮带、滚筒等组成滑道，使货物从主输送装置滑向集货站台，在那里由工作人员将该道口的所有货物集中后入库储存或组配装车并进行配送作业。

以上四部分装置通过计算机网络联结在一起，配合人工控制及相应的人工处理环节构成一个完整的自动分拣系统。

2. 自动分拣系统的功能

1）能连续、大批量地分拣货物

由于采用生产中使用的流水线自动作业方式，自动分拣系统不受气候、时间、体力等限制，可以连续运行，同时由于自动分拣系统单位时间分拣件数多，因此，自动分拣系统的分拣能力可以连续运行100个小时以上，每小时可分拣7000件包装商品，如用人工则每小时只能分拣150件左右，同时分拣人员也不会在这种劳动强度下连续工作8小时。

2）分拣误差率极低

自动分拣系统的分拣误差率主要取决于所输入分拣信息的准确性，这取决于分拣信息的输入机制，如果采用人工键盘或语音识别方式输入，则误差率在3%以上，如采用条码扫描输入，除非条码的印刷本身有差错，否则不会出错。因此，目前自动分拣系统主要采用条码技术来识别货物。

3）分拣作业基本实现无人化

国外建立自动分拣系统的目的就是减少人员的使用、减轻员工的劳动强度、提高人员的使用效率，因此自动分拣系统能最大限度地减少人员的使用，基本可以做到无人化。分拣作业本身并不需要使用人员，人员的使用仅局限于以下工作。

（1）送货车辆抵达自动分拣线的进货端时由人工负责接货。

（2）由人工控制分拣系统的运行。

（3）在分拣线末端由人工将分拣出来的货物进行集载、装车。

（4）对自动分拣系统进行经营、管理与维护。

8.3 物流作业智能化

8.3.1 物流作业智能化概述

1. 物流作业智能化内涵

物流作业智能化也称智能物流，是基于先进的系统集成技术，实现货物从供应商到消费者智能化移动的过程，包括智能仓储作业、智能配送作业、智能运输作业、智能信息获取等，理论上讲可以实现物流作业的各个功能环节。其主要目的是使物流系统能够模仿人的智能，具有思维、感知、学习、推理判断和自行解决物流相关问题的能力，从而使物流系统高效、安全地处理复杂作业问题，为客户提供方便、快捷的服务。

从其定义来看，物流作业智能化主要有以下特点。

（1）物流作业智能化是物流作业复杂情况下的产物。随着经济全球化日益发展，电子商务、制造业等行业得到了飞速发展，物流行业的发展也突飞猛进，物流作业的各个环节也越来越复杂化，要求也越来越精细化，规模也在不断扩大，智能化作为先进科技的产物，应用于物流行业具有其必然性。

（2）智能物流发展需要先进科学技术的支撑。智能物流并不是单纯的智能技术在物流系统中的应用，而要将物流技术、人工智能技术及其他相关技术用系统工程的方法有机地结合起来。具体来说这些技术包括互联网、人工智能、大数据与数据挖掘、RFID、GIS（地理信息系统）、区块链等技术。

（3）智能物流的发展需要更高素质的人才。在智能物流的发展过程中，需要先进技术人才与物流经营管理人才的密切协作，但随着智能物流逐步实施或大规模使用，就需要有更高素质的技术和经营综合人才。

2. 物流作业智能化发展驱动因素

物流作业智能化发展，有其外在推动力，主要表现在以下两个方面。

1）《中国制造 2025》的提出

《中国制造 2025》提出，坚持“创新驱动、质量为先、绿色发展、结构优化、人才为本”的基本方针，坚持“市场主导、政府引导，立足当前、着眼长远，整体推进、重点突破，自主发展、开放合作”的基本原则。在基本原则的基础上，《中国制造 2025》提出了以下相关要求。

①开展新一代信息技术与制造装备融合的集成创新和工程应用。

②开发智能产品和自主可控的智能装置并实现产业化。

③依托优势企业，紧扣关键工序智能化、关键岗位机器人替代、生产过程智能优化控制、供应链优化，建设重点领域智能工厂、数字化车间。

④建立智能制造标准体系和信息安全保障系统，搭建智能制造网络系统平台。

这些要求的提出，为我国智能化发展指明了方向，也直接或间接地推动着物流智能化的发展。

2）电子商务的发展

在电子商务时代，由于电子工具和网络通信技术的应用，交易各方的时空距离几乎为零，有力地促进了信息流、商流、资金流、物流这“四流”的有机结合。对于某些可以通过网络传输的商品和服务，甚至可以做到“四流”的同步处理，例如，通过上网浏览、查询、挑选、付款，用户可以完成对某一电子软件的整个购物过程。信息化、全球化、多功能化和一流的服务水平已成为电子商务下的物流企业追求的目标。

电子商务兴起后，小包装、多频次的包裹快递需求持续扩大，物流碎片化、个别订单拣货特征开始显现，同时亦对时效性要求更高。据阿里研究院预测，到 2020 年，我国网络零售额将超过 10 万亿元，未来 5 年左右，全年包裹量有望超过 1000 亿件。按目前劳动效率推算，电商物流从业人员需求将超过 600 万人。而我国劳动力人口已连续 5 年下降，分拣、快递这种重复体力劳动的职业很难吸引足够劳动力。只有智能物流才能解决未来天量包裹难题。

目前，物流作业智能化已经成为电商物流发展的一个趋势。智能化是自动化、信息化的一种高层次应用，物流作业过程中大量的运筹和决策，如库存水平的确定、运输（搬运）路线的选择、自动导引运输车的运行轨迹和作业控制、自动分拣机的运行、物流配送中心经营管理的决策支持等问题，都可以借助专家系统、人工智能和机器人等相关技术加以解决。

8.3.2 仓储作业智能化

1. 仓储作业智能化类型

仓储作业智能化又称智能仓储，本书结合目前行业智能化程度，以仓储基本功能为基础，通过智能拣选和智能搬运两种类型来介绍智能仓储。

1）智能拣选

智能拣选目前主要表现为运用机器人进行拣选作业，也称为机器人拣选。该拣选主要采用“货到人”拣选模式，将拣选工人固定在拣选工位，通过后台的管理系统调度机器人搬运指定的货架到拣选工位。

拣选机器人会自动执行动作、靠自身动力和控制力来实现功能，匹配最优路线自动避让障碍物，安全性高。以往从包装到分拣到搬运再到发货等各个环节涉及的大量劳动力都可以省去，精准率得到了提高而且基本没有噪声。

智能化拣选作业有效地提高了拣选效率，该方式的效率大约是传统人工方式效率的3倍，拣选准确率达99.99%以上，而且拣选机器人可销售、可租赁，灵活性强，可以有效地降低投资风险。

2）智能搬运

智能搬运目前也通过机器人实现，本书同样称为机器人搬运。机器人搬运主要功用集中在自动搬运或转运，通过特殊地标引导自动将物品运输至指定地点。

最常见的引导方式为磁条引导，激光引导；目前最先进、扩展性最强的引导是由米克力美科技开发的超高频 RFID 引导。磁条引导的方式是最常用也是成本最低的方式，但是站点设置有一定的局限性，对场地装修风格有一定影响；激光引导成本最高，对场地要求比较高，所以一般不采用；RFID 引导成本适中，其优点首先是引导精度高，站点设置更方便，可满足复杂的站点布局，对场所整体装修环境无影响，其次，RFID 引导的高安全性、稳定性也是磁条引导和激光引导不具备的。

2. 仓储作业智能化范例

通过对机器人拣选和机器人搬运的了解，下面介绍国内外的仓储作业化智能化实例。

（1）机器人拣选主要有亚马逊仓库里的 Kiva 机器人、极智嘉科技的 Geek+以及海康威视智能分拣机器人。

Kiva 机器人工作时会滑动至货架底下并提起货架（宽 1.22 米、重量最多可达 340 千克），再利用条码来追踪每一个货架上的商品，在有订单的时候为拣货员取来相应货架，过去人工作业耗时 1 个多小时的工作，它 15 分钟就能搞定。在没电的时候，它还能自动到充电站充电。如图 8-4 所示。

图 8-4　Kiva 机器人

Geek+采用“货到人”拣选模式，高 28 厘米、自重 150 千克的一台 Geek+能够承受 500 千克的重量。当接到订单指令后，它会扫描地面上均匀分布的二维码按照 2 米/秒（最快可达 3 米/秒）的速度自动规划路线前进，跑到货架底部后，直接将整个货架抬起，驮到拣货员的工作台，省去来回路程和挑选的时间，整体效率将是人工的 3 倍。如图 8-5 所示。

图 8-5　极智嘉科技 Geek+

只需配备 2000 米的仓库，10 个入口，350 个机器人就可以同时作业，1 小时可以分拣 18000 个快件，能节省人力 80 名，同样，机器人自动充电 5 分钟，就可以奔跑 4 小时。

（2）机器人搬运主要使用的是智能搬运机器人。

智能搬运机器人可以能轻松托举 300 千克的重量，库房内搬货全靠它，现在京东无人仓使用的就是它。在调度系统和人工智能的指示下，它可以灵活改变路径，自动避障，可通过地上的二维码定位进行导航，从而实现仓储作业的智能化。智能搬运机器人如图 8-6 所示。

图 8-6　智能搬运机器人

AGV 作为联系和调节物流管理系统并使其作业连续化的必要自动化搬运装卸手段，其应用范围和技术水平得到了迅猛的发展。AGV 主要有以下十大优势。

①自动化程度高：由计算机、电控设备、磁气感应、激光反射板等控制。当拣货员需要货物时，拣货员向计算机终端输入相关信息，计算机终端再将信息发送到中央控制室，由专业的技术人员向计算机发出指令，在电控设备的合作下，这一指令最终被 AGV 接受并将货物送至相应地点。

②充电自动化：当 AGV 的电量即将耗尽时，它会向系统发出请求充电（一般技术人员会事先设置好充电预警值）指令，在系统允许后 AGV 自动到充电的地方“排队”充电。

③美观：提高观赏度，从而提高企业的形象。

④安全性：人为驾驶的车辆行驶路径无法确知。而 AGV 的引导路径却是非常明确的，因此大大提高了安全性。

⑤成本控制：AGV 的资金投入是短期的，而员工的工资是长期的，还会随着通货膨胀而不断增加。

⑥易维护：红外传感器和机械防撞可确保 AGV 免遭碰撞，降低故障率。

⑦可预测性：AGV 在行驶路径上遇到障碍物会自动停车，而人为驾驶的车辆因人的思想因素可能会有判断偏差。

⑧降低货物损伤：可减少由于人工的不规范操作而造成的货物损坏。

⑨改善物流管理：AGV 内在的智能控制能够让货物摆放更加有序，车间更加整洁。

⑩较小的场地要求：AGV 比传统的叉车需要的巷道宽度窄得多。同时，对于自由行驶的 AGV 而言，还能够从传送带和其他移动设备上准确地装卸货物。

仓储作业智能化已经在菜鸟网络、苏宁、亚马逊等物流公司得到广泛应用。

8.3.3 配送作业智能化

1. 配送作业智能化类型

配送作业智能化，也称智能配送。结合目前行业人工智能应用情况，按不同的配送方式将配送作业智能化分为无人驾驶配送、无人机配送以及智能柜配送三种。

1）无人驾驶配送

无人驾驶配送所用的无人车采用电能驱动，能自动避障，进行实时监控并查询位置保证无人车和货物自身的安全，它行驶在非机动车道上。无人车自动行驶到目标建筑的指定位置后，会通过 App、手机短信等方式通知客户收货；客户到无人车前输入提货码就可以打开货仓，取走自己的包裹。

2）无人机配送

无人机配送，即利用无线电遥控设备和自备的程序控制装置操纵的无人驾驶的低空飞行器运载包裹，自动送达目的地。无人机非常适用于偏远地区和紧急件的派送，同时能有效提高配送效率，减少人力、运力成本。

无人机配送利用无人机替代人工投送快递，旨在实现快递投送的自动化、无人化、信息化，提升快递的投递效率和服务质量，以便缓解快递需求与快递服务能力之间的矛盾。通过无人机配送不仅可以有效应对订单量的巨额增长，消除快递“爆仓”的危险，还能提升物流行业的服务质量，降低配送的延误率、损毁率、丢失率、投诉率，同时还能降低运营成本、仓库成本、人力成本等，提升行业竞争力，使物流更加安全、可靠、快捷。

3）智能柜配送

智能柜配送是快递行业普遍使用的一种配送方式，主要依托快递智能柜。智能柜是一种基于物联网的，能够对物品（快件）进行识别、暂存、监控和管理的设备。智能柜与服务器一起构成快递智能投递箱系统。服务器能够对本系统的各个快递投递箱进行统一管理（如快递投递箱的信息、快件的信息、客户的信息等），并对各种信息进行整合分析以及处理。快递员将快件送达指定地点后，只需将其存入快递投递箱，系统便自动为客户发送一条短信，包括取件地址和验证码，客户在方便的时间到达该终端前输入验证码或扫描二维码即可取出快件。

智能柜根据业务开展的程度以及成本的考量，可以以住宅小区为单位架设或者架设在部分大楼的楼顶，且应配备摄像头，实时监控记录智能柜周围的环境状况，以保障客户快件以及系统设施的安全。客户还可通过智能柜投送快件，当客户按下投件按钮后，如果智能柜未满将弹开一个空的投递箱箱门，客户从快递盒架上取出一个快递盒，并将物品放入快递盒内，然后将快递盒放入投递箱中并关上箱门，投递箱将检测物品是否达标，包括重量、危险度等方面的检测，如果检测达标，将提示客户输入投递信息和投递等级，在确认目的地可达以后，将根据快递重量、送件距离和投递优先级给出价格，客户可现场支付，也可以根据需求由快递收取方网上支付或者货到付款。智能柜完全接受物品以后，将通过蓝牙向快递盒发送快件信息，快递盒将记录下快件信息，用于物品的身份识别。

2. 配送作业智能化范例

（1）无人驾驶配送国内主要有京东无人车以及菜鸟小 G。

京东无人车是国内首辆无人配送车，体积较小，长宽高分别为 1 米、0.8 米、0.6 米。无人车可以对目的地进行自主路径规划，寻找最短路径并规避拥堵路段。遇到十字路口，可以识别红绿灯做出相应行驶决策。如图 8-7 所示。

图 8-7　京东无人车

菜鸟小 G 是由菜鸟 E.T 物流实验室研发的末端配送机器人，客户可以通过手机向菜鸟小 G 发出服务需求，菜鸟小 G 与运输管理系统（TMS）对接，规划最优配送路径，自动避障，将物品送到指定位置，客户可通过电子扫描签收。而且菜鸟小 G 不仅能自动乘坐电梯，到达指定楼层，还能自动识别出电梯中的拥挤动态。客户可以在手机端实时查看物品的最新位置，通过射频识别技术跟踪包裹的运行过程。如图 8-8 所示。

图 8-8　菜鸟小 G

（2）无人机配送主要以京东无人机以及亚马逊无人机为例。

京东的无人机是在到达降落点降至离地 1 米左右高度的时候才会投放包裹，如果配送的是易碎商品，则会在无人机落地后由人工卸载，货物送到之后按照指令自动返航。据测试，京东无人机往返 10 千米，消耗的能源不到 1 度电，也就是说，送一次货的能源成本不到 0.5 元。如图 8-9 所示。

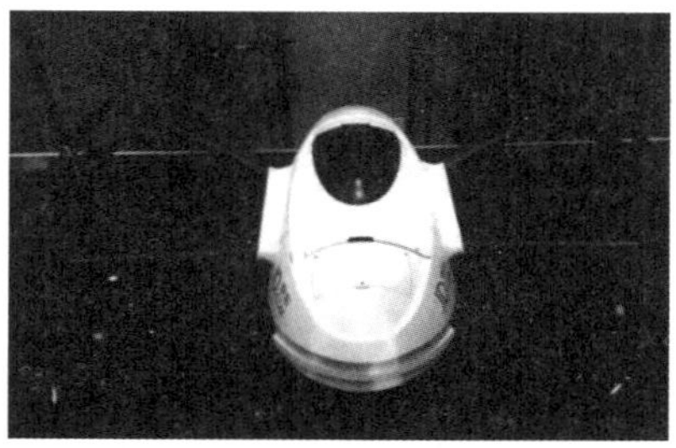

图 8-9　京东无人机

据了解，目前亚马逊每单的配送成本平均为 2～8 美元，如果大幅度采用无人机配送，配送成本将降至每件约 1 美元的水平。2018 年 9 月，敦豪航空货运公司（简称 DHL）曾在一个月时间内利用无人机向德国北海一个名为 Juist 的小岛运送药品，解决陆运不便等难题。亚马逊无人机如图8-10所示。

图 8-10　亚马逊无人机

智能柜主要有丰巢快递柜和速递易快递柜。是物业公司、社区业主及快递公司、行业用户、电商企业打造的智能“快递管理终端”，专注于快递自助服务，方便快捷，提供“柜+点+人”的共同配送解决方案，解决单一寄递、代收管理人力成本高等问题。

速递易最早进入我国智能柜市场，作为国内智能柜行业第一个吃螃蟹的企业，有着先发优势，网点数量 5.6 万个，市场占有率 32%。如图 8-11 所示。

图 8-11　速递易快递柜

其次是丰巢。丰巢经过几轮融资，从 2015 年起步到现在，发展速度十分惊人，在不足两年的时间里网点数量扩张到 4 万多个，市场占有率达 24%。如图 8-12 所示。

图 8-12　丰巢快递柜

配送作业智能化已经在菜鸟网络、苏宁等物流公司得到广泛应用。

8.4 小结

本章从物流作业信息化、物流作业自动化和物流作业智能化三方面讲述仓储管理系统的智能化。现代化仓储管理利用计算机系统控制，完成单元货物的自动存取，并利用自动化存储设备同计算机管理系统的协作来实现立体仓库高层放置的合理化，从而减少差错，加快货物的存取节奏，提高企业生产效益和现代化管理水平。同时，实现数据信息化，并且可与制造企业生产过程执行管理系统（MES）等信息化系统实现数据及指令的互联互通。

参考文献

［1］蓝仁昌．物流技术与实务［M］．北京：高等教育出版社，2005.

［2］蓝仁昌．物流信息技术实训［M］．北京：高等教育出版社，2007.

［3］蓝仁昌．物流信息技术应用［M］．北京：高等教育出版社，2005.

［4］蓝仁昌．配送中心运营管理［M］．北京：高等教育出版社，2010.

［5］蓝仁昌．仓储作业实训［M］．北京：高等教育出版社，2007.

［6］蓝仁昌．配送作业实训［M］．北京：高等教育出版社，2007.

［7］蓝仁昌．运输作业实训［M］．北京：高等教育出版社，2007.

［8］蓝仁昌．第四方物流［M］．北京：高等教育出版社，2009.

［9］高晓亮，伊俊敏，甘卫华．仓储与配送管理［M］．北京：北京交通大学出版社，2006.

［10］田源．仓储管理［M］．北京：机械工业出版社，2005.

［11］邬星根．仓储与配送管理［M］．上海：复旦大学出版社，2005.

［12］李晓龙，李锦瑾，孙慧．现代物流企业管理［M］．北京：北京大学出版社，2004.

［13］袁炎清，范爱理．物流市场营销［M］．北京：机械工业出版社，2003.

［14］连桂兰．如何进行物流成本管理［M］．北京：北京大学出版社，2004.

［15］张纯．财务管理［M］．上海：上海财经大学出版社，2004.

［16］孟繁金．基础会计［M］．上海：中国财政经济出版社，1998.

［17］王学锋．国际海上货运代理理论与实务［M］．北京：中国对外经济贸易出版社，2003.

［18］张健雄，蓝仁昌，庄慧．配送实务指南［M］．北京：中国劳动社会保障出版

社，2015.

［19］沈斐敏. 物流安全［M］. 北京：机械工业出版社，2011.

［20］黄中鼎. 现代物流管理［M］. 上海：复旦大学出版社，2005.

［21］蓝仁昌. 仓储与配送实务［M］. 北京：中国物资出版社，2011.